햇살한스푼의
후다닥
집밥

햇살한스푼의
후다닥 집밥

햇살한스푼 지음

미호

prologue

어릴 적 맞벌이를 하는 부모님 아래에서 자란 저는, 직접 밥을 해먹어야 하는 일이 참 많았습니다. 종일 식당 일을 다니시는 엄마의 수고를 덜고자 밥을 짓기 시작했어요. 그러면서 엄마의 비법 레시피를 배워 7살 차이 나는 남동생의 밥을 지어주게 되었고요. 때때로 까다로운 동생 입맛에 맞는 음식을 개발해보기도 했어요(물론 퇴짜 맞은 게 더 많지만요). TV에서 본 맛있는 음식을 직접 만들어 먹다가 냄비를 홀랑 태우기도 했답니다. 그때부터 요리가 재미있었던 것 같아요.

대학 시절 자취를 할 때 비록 좁은 단칸방에서 생활했지만 항상 냉장고와 버너, 냄비 등은 필수로 구비해두고 직접 요리를 했답니다. 대학을 졸업하고 직장 생활을 시작하면서 새롭게 얻은 자취방에 주방이 있다는 이유만으로 그저 행복했던 기억이 나네요. 지인들을 집에 초대해 음식 솜씨를 발휘하기도 하고요. 혼자 살지만 먹고 싶은 음식을 맛있게 요리해서 한끼를 먹더라도 제대로 챙겨먹자는 생각으로 생활했던 것 같아요.

그렇게 제게 요리는 행복이자, 즐거움이었습니다.

이제는 초등학생 두 아이의 엄마로 아이들과 남편에게 맛있는 집밥을 해주는 행복으로 살아가고 있는데요. 워킹맘이다 보니 아무래도 좀 더 쉽고 빠르게 차릴 수 있는 요리들을 생각하게 되더라고요. 그래서 제 책에는 대부분 쉽고 간단한 재료로 빠르게 만들 수 있는 레시피들이 수록되어 있어요. 김치 하나를 담그더라도 좀 더 쉬우면서도 맛을 잘 낼 수 있는 방법들을 기록했고요. 물론 정성을 더 쏟아 육수를 끓이고, 풀을 쑤고, 천연 재료로 조미료를 만들어 사용하면 훨씬 더 근사한 요리가 완성되겠지요.

하지만 저처럼 일상이 바쁜 워킹맘, 육아맘들을 위해 빠르고 쉬운 레시피로 맛을 보장해드리려고 합니다. 봄, 여름, 가을, 겨울 사계절에 제철 식재료를 이용해 쉽게 만들 수 있는 반찬부터 국, 찌개, 메인 요리, 아이들을 위한 요리, 부부를 위한 요리까지 다양한 종류의 요리들을 정성껏 담았으니 후다닥 밥상을 차리는 데 조금이나마 도움이 되었으면 좋겠어요.

제 요리의 든든한 밑바탕이 되어주시는 친정 엄마, 늘 냉철하게 제 요리를 평가하면서도 제가 하는 건 다 맛있다고 해주는 든든한 지원군 남편, 그리고 까다로운 입맛에 엄마를 늘 긴장시키는 내 소중한 두 아이 다윤이, 예준이! 제가 책을 쓰다 슬럼프에 빠질 때면 아낌없이 저를 응원하고 채찍질해준 저의 베프 한쓰에게도 감사의 말을 전합니다.

contents

프롤로그 004
계량은 이렇게 010
자주 쓰는 양념 014
만들어 두면 편한 육수 018
제철 재료의 손질과 보관 020
우리 집 만능 양념장 024

chapter 01
001-030

상차림이 쉬워지는 계절별 반찬

봄

달래무침 032
냉이된장무침 034
취나물볶음 036
더덕고추장무침 038
양파볶음 040

여름

마늘쫑볶음 042
가지무침 044
오이무침 046
아삭이고추된장무침 048
오이지무침 050

가을

표고버섯볶음 052
도라지무침 054
연근우엉조림 056
땅콩조림 058
무생채 060

겨울

톳나물두부무침 062
파래무침 064
오징어볶음 066
코다리조림 068
무말랭이무침 070

사계절

어묵볶음 072
감자볶음 074
콩나물조림 076
애호박볶음 078
진미채볶음 080
멸치볶음 082
김무침 084
소고기장조림 086
황태양념구이 088
참치전 090

chapter 02

후다닥 끓이는 국과 찌개

031 — 050

계란국	094	청국장	114
조개국	096	명란알탕	116
배추된장국	098	해물뚝배기	118
만둣국	100	차돌된장찌개	120
콩나물김칫국	102	북엇국	122
어묵국	104	소고기국	124
오이냉국	106	순두부찌개	126
돼지고기김치짜글이	108	오징엇국	128
소고기미역국	110	부대찌개	130
참치김치찌개	112	굴국	132

chapter 03

하나만으로 충분한 일품 요리

051 — 070

잡채	136	소불고기	156
소갈비찜	138	낙지볶음	158
저수분수육	140	고추잡채	160
매운등갈비찜	142	누룽지닭백숙	162
오리주물럭	144	LA갈비구이	164
밀푀유나베	146	전복버터구이	166
닭볶음탕	148	목살김치찜	168
해파리냉채	150	갈릭버터새우구이	170
찹스테이크	152	갑오징어미나리무침	172
탕수육	154	토마토홍합스튜	174

chapter 04

071 – 080

빠르게 만들어 든든하게 먹는 한 그릇 요리

꼬막비빔밥	178	아보카도명란덮밥	188
날치알밥	180	곤약콩국수	190
짬뽕라면	182	곤드레밥	192
스테이크덮밥	184	무수분카레	194
제육덮밥	186	바지락칼국수	196

chapter 05

081 – 090

아이들이 좋아하는 엄마표 요리

새우튀김김밥	200	새우볶음밥	210
라구파스타	202	순살반반치킨	212
소고기크림리소토	204	짜장면	214
떡볶이	206	돈까스정식	216
햄버거	208	소떡소떡	218

chapter 06
091 — 100

부부를 위한 술안주

차돌박이찜 222	맥앤치즈 232
그린빈소시지볶음 224	골뱅이무침 234
순대볶음 226	오지치즈후라이 236
도토리묵무침 228	닭발 238
스팸두부김치 230	닭똥집볶음 240

chapter special
001 — 010

만들어 두고 먹는 사시사철 맛있는 김치와 저장식

배추겉절이 244	백김치 254
파김치 246	오이지 256
깍두기 248	통마늘장아찌 258
양배추물김치 250	양파장아찌 260
오이김치 252	채소피클 262

일러두기

✳ 레시피의 양은 별도의 표기가 있는 레시피를 제외하고는 기본 4인 가족 한 끼 분량 기준입니다.

✳ 스페셜 챕터에는 저자의 영상을 볼 수 있는 QR코드를 삽입하였습니다. 다른 레시피도 저자의 유튜브를 참고하세요.

계량은 이렇게!

저는 어릴 때부터 엄마 어깨 너머 감으로 요리를 익히다 보니 계량에 익숙하지 않은 편이에요. 그래서 이 책에서는 손으로 1줌, 밥공기로 1공기, 밥숟가락으로 1큰술, 1컵 등으로 표기했답니다. 집에서 흔하게 구할 수 있는 계량 도구들을 사용하다 보니 주로 밥숟가락, 밥공기, 컵 등을 쓰고 있어요.

고춧가루와 같은 가루류의 계량。

1큰술	밥숟가락으로 볼록하게 퍼 담은 양
1/2큰술	밥숟가락 절반 정도 볼록하게 담은 양
1/3큰술	밥숟가락의 1/3 정도 볼록하게 담은 양

고추장, 된장류, 다진 마늘의 계량。

1큰술	밥숟가락으로 소복하게 퍼담은 양
1/2큰술	밥숟가락 절반 정도 볼록하게 담은 양
1/3큰술	밥숟가락의 1/3 정도 볼록하게 담은 양

정확한 계량을 원하는 사람에게는 다소 아쉬운 점이 많겠지만, 집에서 쉽고 빠르게 요리를 해보고자 하는 사람들에게는 따로 계량 컵, 계량 스푼, 저울 등을 구입하지 않아도 된다는 장점이 될 수도 있어요.

간장과 같은 액체류의 계량。

1큰술　　밥숟가락에 가득 담은 양
1/2큰술　밥숟가락의 절반 정도 담은 양
1/3큰술　밥숟가락의 1/3 정도 담은 양

컵 계량。

1컵 = 200ml
액체류　1컵 = 200ml 가득 담은 양
가루류　1컵 = 윗면을 평평하게 깎아 담은 양

요리를 오랜 시간 하다 보니 계량에 정해진 정답은 없다는 생각이 들었어요. 각자 입맛에 따라 짠맛과 단맛을 조절해야 하고, 내가 좋아하는 재료라면 좀 더 듬뿍 넣고 만들어도 상관없으니까요!

손 계량.

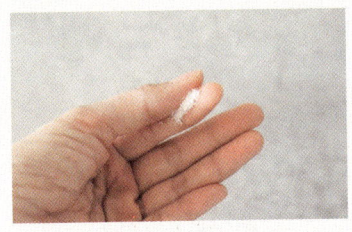 

1꼬집   엄지와 검지로 꼬집듯이 집었을 때의 양
1줌   가볍게 쥐어 한 손에 잡히는 정도

밥공기.

1공기 = 약 1.5컵
일반적으로 사용하는 밥공기 기준으로 계량한 양입니다.
컵으로 계산하면 대략 1.5컵 정도 되는 양입니다.
재료는 밥그릇에 평평하게 깎아 담아주면 됩니다.

자주 쓰는 양념

양념은 대체로 시판 제품들을 사용하고 있어요. 여러 브랜드 제품을 맛본 뒤 가장 자기 입맛에 맞는 브랜드 제품을 선택하는 것이 중요해요. 간장도 제품마다 염도나 깔끔한 맛, 색 등에 차이가 있고 고추장도 텁텁함의 정도, 매운맛의 정도 등이 달라 요리 맛을 좌우하기도 하거든요. 제가 구입해 사용하는 제품들도 지극히 주관적으로 제 입맛에 맞는 제품들인지라 참고만 해주세요. 직접 여러 가지 제품들을 맛보고, 다양한 요리에 적용한 뒤 선택하면 좋겠어요.

간장。

간장은 양조간장과 국간장 2가지만 사용하고 있어요. 진간장은 달콤한 맛이 강해 사용하지 않는 편이에요. 조림이나 볶음류, 장아찌에는 양조간장을, 국이나 나물 무칠 때에는 국간장을 사용하는데요, 저는 샘표 양조간장501과 샘표 맑은 조선간장 2가지 제품을 주로 사용해요.

된장, 고추장。

된장은 시골 재래된장과 시판 재래식된장 2가지를 혼용해서 사용해요. 시골된장은 보통 집에서 담근 된장이라 생각하면 되는데, 짠맛이 강하고 된장 특유의 쿰쿰한 냄새가 나서 단독으로 잘 사용하지 않는 편이에요. 반면 시판 된장의 경우에는 그 맛이 가벼워 된장찌개와 같이 깊은 맛을 내야 하는 찌개류에는 단독으로 사용하기 적합하지 않고요. 그래서 된장찌개를 끓일 때에는 되도록 집된장(시골된장)과 시판된장을 1:1로 섞어서 사용해요. 고추장은 우리 쌀로 만든 태양초고추장 제품을 사용하고 있어요. 대용량으로 판매하는 제품들의 경우 밀가루 함량이 높아 텁텁한 경우가 많으니 쌀 함량을 확인한 뒤 구입하는 게 좋아요.

소금。

굵은소금 1년에 한 번 굵은 소금을 포대자루로 구입해요. 구입한 소금은 포대 째 대야 위에 지지대를 만들어 올려두고 1년 내내 간수를 빼준답니다. 그 다음 해가 되면 간수가 빠져 쓴 맛이 없고 달콤한 맛이 올라오는 맛있는 소금을 사용할 수 있어요. 시판 제품 중에도 간수 뺀 굵은소금이 있는데 손으로 만져보아 습기가 느껴지지 않고 손에 들러붙지 않는다면 간수가 잘 빠진 제품이에요. 굵은소금은 반드시 간수를 빼서 사용해야 쓴맛이 나지 않아요.

고운소금 대체로 맛소금을 사용해요. 기본 조미가 되어 있는 소금이라 음식에 사용하면 쉽게 감칠맛을 낼 수 있어요. 조미료 사용이 껄끄럽다면 볶은 소금이나 히말라야 소금 등 건강한 소금을 사용하세요.

설탕.

저는 흰 설탕을 사용해요. 간혹 검은 색을 강조하고 싶은 음식에는 황설탕을 사용하기도 하지만 대부분 흰 설탕만으로도 충분하답니다.

고춧가루.

고춧가루는 1년에 한 번 한창 햇고추가 나오기 시작하는 9월 무렵 대량으로 구매해 1년 내내 사용하고 있어요. 그때그때 구입하는 것보다 저렴하기도 하고, 중국산 고춧가루의 경우 고춧가루 특유의 냄새가 강하고 텁텁한 맛이 나서 국내산 고춧가루를 고집하는 편이거든요. 그래서 가장 쌀 때, 대량으로 구입해 김치냉장고에 보관해두고 1년 내내 사용한답니다. 청양 고춧가루는 많이 사용하는 편은 아니라 소량 구매해두고 냉동보관하며 조금씩 꺼내 사용해요.

참기름과 들기름.

참기름과 들기름은 동네 방앗간에서 그때그때 구입해 사용해요. 마트에 파는 참기름, 들기름보다 고소한 맛이 훨씬 좋아요.

매실청.

매실청은 1년에 한 번 매실이 나오는 시기에 담가서 사용해요. 빨리 소진될 때는 시판 제품을 사용하기도 해요. 요즘은 시판 매실청도 깔끔하게 잘 나오더라고요. 음식에 감칠맛 나는 단맛, 신맛을 더해주는 매실청은 새콤달콤 무침류에 필수로 넣어줘야 해요. 은근 활용도가 높답니다.

액젓.

제 요리에 사용한 액젓은 모두 멸치액젓이에요. 멸치액젓도 브랜드에 따라 염도나 맛이 많이 달라요. 저는 유포액젓을 사용 중인데 염도가 다른 액젓에 비해 낮은 편이고 감칠맛이 좋더라고요. 액젓은 멸치액젓과 까나리액젓 중 입맛에 더 맞는 제품을 선택해 사용하면 됩니다. 김치류뿐만 아니라 무침류에도 한 숟가락 넣어주면 더 고급스러운 맛을 내주고요. 국이나 찌개에도 한 스푼 넣어주면 감칠맛을 올려주니 두루두루 활용도가 높아요.

꿀, 물엿, 올리고당.

고기류에는 대부분 꿀을 사용하는 편이에요. 연육 작용도 되면서 진득한 단맛을 내주기 때문이랍니다. 볶음류 반찬에는 물엿을 많이 사용하는데, 윤기가 나면서 은은한 단맛을 내줘요. 올리고당은 설탕 대신 자주 이용하는 편이에요.

맛술, 청주.

맛술은 단맛이 가미되어 있으니 감안해서 설탕 양을 조절해줘야 해요. 생선이나 고기 요리에 사용하면 잡내를 잡아준답니다. 청주의 경우 달지 않아야 하는 요리에 잡내 제거를 위해 사용하는데, 백화수복이나 청하 같은 제품을 쓰면 됩니다. 먹다 남은 소주가 있으면 청주 대신 사용하기도 해요.

굴소스.

간장 요리에 한 스푼 넣어주면 마법처럼 맛있어지는 굴소스도 요즘 필수 양념이에요. 여러 브랜드 제품을 사용해봤는데 대부분 비슷해 그때그때 할인하는 제품을 구입하고 있어요.

tip 03 만들어 두면 편리한 육수

만들어 두면 편리한 육수

워킹맘이다 보니 주말에 항상 일주일치 육수를 준비해두는 편이에요. 대부분의 요리는 멸치 다시마 육수를 기본으로 만들고, 콩나물국이나 계란국 같은 맑은 국요리에는 황태 다시마 육수를 사용하기도 해요. 황태는 명절 차례 때 올렸던 황태포나 북어포의 머리 부분을 냉동실에 보관해두었다가 사용한답니다. 나머지 부재료는 모두 동일하고, 멸치 또는 황태 주인공만 바꾸면 육수가 완성되어요. 간혹 육수를 많이 사용해서 빨리 소진되거나, 급하게 육수를 준비해야 할 경우에는 맹물에 액젓을 1~2큰술 넣어 사용하거나, 소고기다시다를 1큰술 물에 녹여 사용하기도 해요.

멸치 육수。

물 4L, 육수용 멸치 1공기, 대파 1~2대, 씻은 대파 뿌리 1~2개, 다시마 3장, 무 1/3개

1. 국물용 마른 멸치는 냄비에 볶아준다. 멸치 똥을 제거한 뒤 사용하면 육수가 훨씬 깔끔하고 구수하다.
2. 물을 붓고 다시마, 무, 대파, 대파 뿌리를 넣은 뒤 끓여준다. 칼칼한 육수를 원할 때에는 마른 홍고추와 고추씨를 넣어 끓여주면 좋다.
3. 끓기 시작하면 다시마는 건져낸다.
4. 불을 약불로 줄인 뒤 20분 정도 푹 끓여낸다.
5. 건더기는 건져내고 채에 걸러 병에 담아준 뒤 완전히 식으면 냉장보관한다.

황태 육수。

물 2L, 황태 머리 2개, 대파 1대, 대파 뿌리 1개, 다시마 2장, 무 1/4개

1. 육수 재료를 모두 냄비에 담아 물을 붓고 끓인다.
2. 끓기 시작하면 다시마를 건져낸다.
3. 약불로 줄인 뒤 20분 정도 푹 끓여낸다.
4. 건더기는 건져내고 채에 걸러 병에 담아준 뒤 완전히 식으면 냉장보관한다.

다시마 육수。

물 1L, 다시마 2장

5. 찬물 1L에 다시마(4×6cm) 2장 넣고 10분 우려내고 다시마는 건진다.

> **제철 재료의
> 손질과 보관**

파, 양파, 마늘 등 자주 사용하는 채소를 손질하고 보관하는 법을 알려드릴게요. 햇마늘, 햇양파는 나올 때 사서 잘 보관하면 내내 맛있게 먹을 수 있어요. 미리 해두면 요리가 편해진답니다. 파, 양파, 마늘은 대부분의 제 요리에 필수로 사용되는 재료들이에요. 각각 용도에 따라 손질, 소분해서 보관하면 오랫동안 두고 먹을 수 있답니다. 고르는 방법이나 손질법, 보관 방법 등을 알아두면 살림에 유용한 정보가 될 거예요.

대파.

한식 요리에 있어 필수 재료인 대파! 대파는 뿌리부터 잎까지 하나도 버릴 게 없어요. 국물 요리에 넣으면 시원하면서도 달큼한 맛을 내주고 볶음 요리에 파 기름을 활용하면 훨씬 풍미 가득한 요리를 완성할 수 있죠.

대파 고르는 법
대파의 제철은 9~12월이에요. 여름 대파는 겨울 대파에 비해 맛이 떨어지고 무른 편이에요. 맛있는 대파는 흰 줄기 부분이 초록 잎 부분보다 많은 대파예요. 들어 보았을 때 묵직하면서 탄력이 느껴지면 좋은 대파랍니다!

대파의 보관법
장기간 보관할 때는 씻지 말고 뿌리에 흙이 있는 상태 그대로 신문지에 돌돌 말아서 냉장보관합니다. 수분 접촉을 최대한 막아주기 위해 신문지에 싼 대파를 비닐 팩에 한 번 더 넣어 보관하면 좋아요.

대파는 냉장, 냉동 모두 보관 가능하니 일주일 이내에 사용할 것이라면 냉장, 일주일 이상 보관할 것이라면 냉동보관해 주세요. 뿌리 부분은 잘라 깨끗하게 씻은 뒤 냉장 또는 냉동보관하세요. 육수에 넣어주면 맛이 진하고 깊어져요. 대파의 가장 겉잎은 억세니까 제거해주세요. 넓고 큰 초록잎은 잘라낸 뒤 육수에 넣을 수 있게 손질하여 지퍼 백에 담아 보관합니다. 대파는 잎이 줄기보다 먼저 상하기 때문에 잎과 줄기 부분을 따로 보관하는 게 좋아요. 밀폐 용기 사이즈에 맞춰 자른 뒤 씻지 말고 물기 없는 상태로 냉장보관하세요(일주일까지 보관 가능). 용도에 따라 어슷썰기, 송송썰기, 길이로 썰기, 다지기 한 뒤 밀폐 용기에 담아 냉장 또는 냉동보관하세요. 냉동보관 시에는 대파에 물기가 있으면 한 덩어리로 들러붙기 쉬우니 물기를 제거해서 담아주세요.

마늘.

5월부터 나오기 시작하는 햇마늘! 한 접(100개) 저렴하게 구입해서 잘 보관해두면 두고두고 먹을 수 있어요.

마늘 고르는 법
불그스름한 빛이 선명하고 알이 굵고 단단하며 쪼갰을 때 6~8쪽 정도 나오는 마늘이 좋은 마늘이라고 해요.

마늘의 보관법
일반적으로는 김치통에 신문지를 깔고 마늘을 층층이 담아 보관합니다. 마지막에 신문을 덮고 뚜껑을 덮어 냉장고 또는 서늘한 곳에 보관해주세요. 또 채반에 햇마늘을 넓게 펼쳐 깔아준 뒤 베란다에서 바짝 말려 주세요. 말린 마늘은 망에 담아 걸어두고 보관하면 됩니다.

깐마늘은 깨끗이 씻은 뒤 키친타월로 물기를 완전히 제거해주세요. 밀폐용기 바닥에 설탕을 한 겹 깔고 키친타월을 올린 뒤 마늘을 담아요. 다시 키친타월을 덮은 뒤 뚜껑을 덮어 냉장 보관하세요. 2~3주도 거뜬하게 보관할 수 있어요. 설탕이 마늘의 수분을 잡아주기 때문에 장기간 보관이 가능해집니다.

양파.

5월이면 햇양파가 한창이죠. 수분이 많고 단맛이 좋아 생으로 먹어도 부담 없을 정도인데요. 보관을 잘못하면 쉽게 물러지고 썩을 수 있어요. 올바른 보관법으로 맛있는 햇양파를 신선하게 먹을 수 있어요.

양파 고르는 법
햇양파는 잔뿌리가 많이 없고 살짝 쥐어 보았을 때 단단한 것이 좋아요. 그리고 껍질과 속이 여물게 붙어 있어 껍질이 들떠 있지 않은 게 좋답니다. 줄기가 붙어 있다면 줄기 부분이 썩지 않은 것으로 선택하세요.

양파의 보관법
줄기가 있다면 줄기는 잘라주세요. 하나씩 신문지에 돌돌 말아준 뒤 김치 통이나 종이상자에 담아 서늘한 곳에 보관하면 됩니다. 깐 양파는 깨끗이 씻은 뒤 키친타월로 물기를 닦아내고 하나씩 랩에 싸서 냉장보관 하세요.

우리 집 만능양념장

음식의 맛을 좌우하는 것에는 많은 요소가 있겠지만, 감칠맛 나는 양념장이 있다면 더 풍성한 식사를 즐길 수 있지요. 만들기 쉽고 활용하기 편한 햇살한스푼표 양념장 레시피 공개해요!

견과류 쌈장.

짜지 않고 고소하게 먹을 수 있는 견과류 쌈장이에요. 양배추 쌈이든 상추 쌈이든 어디에든 잘 어울린답니다.

―

된장 3큰술, 고추장 1큰술, 고춧가루 1큰술, 매실액 2큰술, 물엿 1큰술, 다진 마늘 1/2큰술, 다진 파 1큰술, 통깨 1큰술, 견과류 1줌

1 견과류는 잘게 다진다.
2 분량의 쌈장 재료를 모두 볼에 담고 섞는다.
3 다진 견과류와 통깨를 넣고 섞는다.

데리야끼 소스.

아이들 입맛에 딱 맞는 단짠 매력의 데리야끼 소스예요. 어디든 간장 대신 사용할 수 있는 만능 양념이랍니다.

―

물 400ml(2컵), 간장 120ml(12큰술), 맛술 100ml(10큰술), 설탕 5큰술, 다시마 2조각, 양파와 사과 1/2개씩, 마늘 1줌

1 찬물에 다시마를 넣고 끓기 시작하면 건져낸다.
2 분량의 양념을 모두 넣고 끓인다.
3 끓기 시작하면 약불로 줄여 10~15분 은은하게 끓여준다.
4 열탕 소독한 유리병에 담아 완전히 식힌 뒤 냉장보관한다.

볶음 고추장.

볶음 고추장 하나면 밥 한 공기 뚝딱!? 진짜 그냥 밥에 넣고 슥슥 비벼 먹어도 참 맛있는 볶음 고추장이에요.

소고기 다짐육 200g, 고추장 200g, 맛술 2큰술, 매실액 2큰술, 다진 마늘 1큰술, 설탕 1/2큰술, 물엿 2큰술, 참기름 2큰술, 통깨 2큰술

1. 웍에 기름을 두르고 다진 마늘을 볶아 향을 낸다.
2. 1에 키친타월로 핏물을 제거한 다진 소고기를 넣고 볶는다.
3. 설탕 1/2큰술을 넣어준다.
4. 고기가 완전히 익으면 나머지 양념을 모두 넣고 중약불에서 섞는다.
5. 불을 끄고 참기름 2큰술, 통깨 2큰술를 넣어 마무리한다.

초간장.

부침개에 만능 치트키인 초간장이 있습니다! 양파를 큼직하게 썰어 넣는 게 포인트예요.

간장 3큰술, 식초 2큰술, 큼직하게 썬 양파 1/4개, 송송 썬 청양고추 2개, 통깨 1큰술

1. 재료를 잘 섞는다.
2. 부침개에 안성맞춤인 초간장 완성!

쯔유。

데리야끼 소스와는 달리 단맛이 강하지 않은 간장이에요. 가다랑어포가 들어가 깊은 훈연의 향이 느껴지는, 감칠맛이 일품인 간장이지요. 메밀국수 먹을 때뿐만 아니라 고기 볶을 때, 반찬할 때 등 간장이 필요한 요리에 대신해서 사용하면 훨씬 더 감칠맛 나는 깊고 진한 맛을 느낄 수 있답니다.

―

대파 2대, 양파 2개, 물 1L, 무 1/5개, 건표고버섯 3개, 멸치 1줌, 청주 100ml, 맛술 100ml, 간장 600ml, 설탕 300g, 다시마 3조각, 생강 1쪽, 가다랑어포 1공기

1 대파와 양파는 큼직하게 잘라 직화로 굽는다.
2 물 1L에 구운 채소를 넣고 무 1/5개와 건표고버섯 2~3개, 육수용 멸치 1줌을 넣고 끓인다.
3 중약불에서 10분 정도 끓여 채수를 완성한다.
4 다른 냄비에 청주와 맛술을 넣고 한 번 끓인다(쓴맛 제거).
5 3에 4와 간장, 설탕, 다시마, 슬라이스한 생강 1쪽을 넣고 끓인다.
6 끓기 시작하면 약불로 줄인 뒤 5~10분 푹 끓인다.
7 불을 끄고 가다랑어포 1공기를 넣고 잘 섞은 뒤 그대로 식힌다.
8 체에 밭쳐 건더기는 건져낸다.
9 식은 쯔유는 병에 담아 냉장보관한다.
10 면 요리의 육수로 활용할 때에는 물 2~3 : 쯔유 1의 비율로 희석해서 사용한다.

001
030

○달래무침 ○냉이된장무침 ○취나물볶음 ○더덕고추장무침 ○양파볶음 ○마늘쫑볶음 ○가지무침 ○오이무침 ○아삭이고추된장무침 ○오이지무침 ○표고버섯볶음 ○도라지무침 ○연근우엉조림 ○땅콩조림 ○무생채 ○톳나물두부무침 ○파래무침 ○오징어볶음 ○코다리조림 ○무말랭이무침 ○어묵볶음 ○감자볶음 ○콩나물조림 ○애호박볶음 ○진미채볶음 ○멸치볶음 ○김무침 ○소고기장조림 ○황태양념구이 ○참치전

chapter
01

상차림이
쉬워지는
계절별 반찬

햇살한스푼의 후다닥 집밥

winter | spring

겨울부터 만나볼 수 있는 달래.
향긋한 매력의 달래를 새콤달콤 초고추장에 무쳐 먹으면 또 다른 별미 반찬이 됩니다.
고기에 곁들여 먹기도 좋은 달래무침, 깔끔하게 만들어 보세요.

달래무침

recipe 001

15분

ingredients 달래 1묶음, 참기름 1큰술
양념 고추장 1/2큰술, 고춧가루 1큰술, 식초 2큰술, 설탕 1큰술, 다진마늘 1/2큰술
마무리 통깨 1큰술, 참기름 1큰술, 소금 약간

how to make
1. 달래는 알뿌리 부분의 껍질을 제거하고 뿌리 끝의 까만 돌기를 떼어내 손질한다.
2. 손질한 달래는 깨끗하게 물에 여러 번 헹군 뒤 먹기 좋게 썬다.
3. 2에 미리 섞어둔 양념장을 넣고 무친다.
4. 부족한 간은 고운 소금으로 맞추고 통깨와 참기름을 넣어 마무리한다.

tip
2배 식초를 사용하면 식초양을 줄여 주세요. 매실액 1큰술을 넣어주면 더 맛있어요.

winter | spring

봄을 대표하는 나물 중 한 가지!
향긋한 냉이를 부드럽게 데친 뒤 구수한 된장에 조물조물 무쳐보세요.
입맛이 절로 도는 봄나물 반찬이 될 거예요.

냉이된장무침

20분 — recipe 002

ingredients
냉이 1소쿠리(4공기)
데치기 소금 1큰술
양념 시판 된장 1+1/2큰술, 다진 마늘 1/2큰술
마무리 통깨 1큰술, 참기름 1큰술, 소금 약간

how to make
1. 냉이는 지저분한 잎을 떼어내고 뿌리 부분을 긁어 깨끗하게 손질한다.
2. 흐르는 물에 여러 번 헹군다.
3. 끓는 물에 소금 1큰술을 넣고 1분간 데친다.
4. 데친 냉이는 찬물에 여러 번 헹궈 물기를 꼭 짜서 준비한다.
5. 먹기 좋게 썰고 분량의 양념을 넣어 무친다.
6. 부족한 간은 소금으로 맞추고 참기름을 넣어 마무리한다.

tip
된장 대신 고추장 1큰술을 넣고 무쳐도 맛있어요.

spring

향긋한 취나물은 봄이 제철이에요.
초봄 좀 더 부드러운 새순일 때 사다가 조물조물 무친 뒤 고소한 들기름에 볶아 먹어요.
말린 나물과는 또 다른 매력! 향긋한 봄을 만끽하세요.

취나물볶음

20분　　recipe 003

ingredients　　취나물 1소쿠리(4공기)
　　　　　　　　데치기 소금 1큰술
　　　　　　　　양념 국간장 2큰술, 다진 마늘 1/2큰술, 고운 소금 1꼬집, 들기름 3큰술
　　　　　　　　마무리 통깨 1큰술, 소금 약간

how to make
1. 취나물은 줄기 끝을 잘라낸 뒤 지저분한 잎을 떼어내 깨끗하게 손질한다.
2. 흐르는 물에 잘 씻는다.
3. 끓는 물에 소금 1큰술을 넣고 2분간 데친다.
4. 데친 취나물은 찬물에 여러 번 헹궈 물기를 대충 짜서 준비한다.
5. 분량의 양념을 넣어 무친다.
6. 팬에 들기름을 두르고 약불에서 충분히 볶은 뒤 부족한 간은 소금으로 맞춘다.

tip
새순일 때는 그냥 무쳐 먹어도 보드랍고 맛있지만, 취나물이 조금 억센 상태라면 들기름에 충분히 볶아서 먹는 게 훨씬 부드러워요.

chapter 01 상차림이 쉬워지는 계절별 반찬

spring

도라지와는 또 다른 매력!
식감 좋고 향긋한 더덕을 부드럽게 두드려 고추장에 무쳐 내보세요.
먹고 남은 더덕고추장무침은 들기름 두른 팬에 구워 먹어도 별미랍니다.

더덕고추장무침

recipe 004

ingredients 깐 더덕 150g
양념 고추장 1+1/2큰술, 간장 1큰술, 고춧가루 2큰술, 물엿 2큰술, 매실액 1큰술
마무리 참기름 1큰술, 깨 1큰술

how to make

1 더덕은 껍질을 까고 깨끗하게 씻은 뒤 방망이로 두드려 넓게 펼쳐준다.
2 분량의 양념을 볼에 넣고 잘 섞는다.
3 양념에 더덕을 넣고 잘 버무린다.
4 3에 참기름, 통깨를 넣고 그대로 먹으면 더덕고추장무침이다.
5 팬에 들기름을 두르고 4를 구워 먹으면 더덕구이가 된다.

tip
통더덕을 구입했다면 깨끗이 씻은 뒤 끓는 물에 30초 정도만 데쳐서 껍질을 까보세요. 아주 쉽게 껍질을 제거할 수 있답니다.

chapter 01 상차림이 수월해지는 계절별 반찬

spring summer

양파 하나만으로 뚝딱 만드는 효자 반찬!
달콤하면서 계속 젓가락이 가는 마법의 반찬이랍니다.
햇양파 나오는 시기에 꼭 만들어 먹어야 하는 반찬 중 하나예요.

양파볶음

15분 — recipe 005

ingredients 햇양파 2개, 쪽파 4대
양념 간장 3큰술
마무리 참기름 1큰술, 통깨 1큰술

how to make
1 양파는 먹기 좋게 채 썬다.
2 기름 두른 팬에 양파, 간장을 넣고 볶는다.
3 중약불에서 충분히 볶은 뒤 쪽파, 참기름, 통깨를 넣어 마무리한다.

tip
고춧가루를 1큰술 넣고 매콤하게 볶으면 또 다른 매력의 양파볶음이 된답니다.

chapter 01 ㅣ 솜씨집이 쉬워지는 계절별 반찬

spring | summer

사시사철 구할 수 있는 중국산 마늘쫑 말고,
국산 햇마늘쫑을 이용해 마늘쫑볶음을 만들어보세요!
적당히 알싸한 맛과 부드러운 식감이 매력적이랍니다.

마늘쫑볶음

recipe 006

30분

ingredients 마늘쫑 1단, 건새우 1컵, 식용유 5큰술,
양념 간장 3큰술, 고추장 1큰술, 맛술 2큰술, 물엿 3큰술, 물 4큰술
마무리 참기름 약간, 통깨 약간

how to make

1. 건새우는 마른 팬에 볶아둔다.
2. 마늘쫑은 끝을 잘라 손질하고 먹기 좋게 썰어 깨끗이 씻는다.
3. 기름을 두른 팬에 마늘쫑을 볶다가 분량의 양념을 붓고 졸인다.
4. 양념이 자작해지면 새우를 넣고 볶는다.
5. 참기름과 통깨를 넣어 마무리한다.

tip
부드러운 햇마늘쫑이 아니라면 끓는 물에 소금을 넣고 데친 뒤 만들어보세요. 부드럽고 쫀득한 마늘쫑볶음을 만들 수 있어요. 건새우 대신 손질한 멸치를 넣어도 별미랍니다.

especially
summer

요즘은 사시사철 구하기 쉽지만 사실 여름이 제철인 가지!
그냥 볶아 먹어도 맛있지만, 구워서 무치면 쫄깃한 식감까지 매력적인 가지무침.
찌는 것과는 또 다른 매력이 있는 구운 가지무침은 여름 반찬으로 딱이에요.

가지무침

recipe 007

10분

ingredients 가지 4개, 쪽파 3대, 홍고추 1개
양념 국간장 1+1/2큰술, 다진 마늘 1/2큰술
마무리 참기름 1큰술, 통깨 1큰술, 고운 소금 약간

how to make

1. 가지는 깨끗이 씻은 뒤 길게 썬다.
2. 기름 두른 팬에 앞뒤로 노릇하게 굽는다.
3. 한 김 식힌 뒤 먹기 좋게 찢는다.
4. 참기름을 제외한 분량의 양념과 쪽파, 홍고추를 넣고 조물조물 무친다.
5. 간을 보고 부족한 간은 고운 소금으로 맞추고 참기름을 넣어 마무리한다.

tip
더 부드럽게 먹고 싶다면 가지를 찜기에 5분 정도 쪄서 무쳐 먹어도 좋아요.

summer

요즘은 사시사철 구하기 쉬운 채소 중 하나인 오이.
향긋한 오이를 새콤, 달콤, 매콤한 양념장에 무쳐 맛있게 즐기세요.
매일 반찬으로 먹기 딱 좋아요!

오이무침

recipe 008

15분

ingredients 오이 2개, 양파 1/2개, 대파 1/2개
절이기 소금 1/2큰술
양념 고춧가루 1큰술, 다진 마늘 1/2큰술, 식초 3큰술, 설탕 1큰술, 매실액 1큰술
마무리 통깨 1큰술

how to make

1. 오이는 굵은 소금으로 문질러 껍질을 박박 씻은 뒤 먹기 좋게 썰어준다.
2. 소금 1/2큰술을 넣고 5~10분간 절인다.
3. 대파는 송송 썰고, 양파는 채 썬다.
4. 절인 오이의 물기를 꼭 짠 뒤 분량의 양념과 양파, 대파를 넣고 조물조물 무친다.
5. 간을 보고 부족한 간은 소금으로 맞춘다.

tip
바로 먹을 거라면 소금에 굳이 절이지 않아도 좋아요. 절이는 과정을 생략한다면 먹기 좋게 썬 오이에 양념과 소금 1/3큰술을 넣고 무쳐 먹어요.

chapter 01 상차림이 쉬워지는 계절별 반찬

summer

상큼하고 싱싱한 아삭이고추로 된장무침을 만들어봐요.
아주 간단하게 만들 수 있으면서도 맛이 좋아요.
짜지 않게, 고소하게 만드는 팁을 챙겨두세요!

아삭이고추된장무침

10분 — recipe 009

ingredients
아삭이고추 10개
양념 시판 저염 된장 1큰술, 매실액 1큰술, 물엿 2큰술, 다진 마늘 1/2큰술, 마요네즈 1/2큰술
마무리 통깨 1큰술

how to make

1. 고추는 베이킹소다로 깨끗이 씻은 뒤 한입 크기로 썰어 준비한다.
2. 분량의 양념을 볼에 넣고 섞는다.
3. 2에 1을 넣고 잘 버무린 뒤 통깨를 뿌려 마무리한다.

tip
짜지 않은 고추된장무침을 위해서는 집된장보다 시판 된장을 사용하는 게 좋아요. 통깨는 손으로 부숴서 깨소금 형태로 넣어주면 훨씬 고소합니다.

입맛 없는 여름, 물에 만 밥에 오이지무침 하나면 밥 한 그릇 뚝딱!
오독오독 씹히는 식감도 좋고, 짭조름하면서도 시원한 그 맛이 좋아
여름철 잊지 않고 꼭 만들어 먹는 반찬이랍니다.

오이지무침

30분 — recipe 010

ingredients 오이지 5개, 쪽파 3대, 홍고추 1개
양념 매실액 2큰술, 다진 마늘 1/2큰술, 물엿 2큰술, 고춧가루 2큰술
마무리 통깨 1큰술, 참기름 약간(기호에 따라)

how to make

1. 오이지는 먹기 좋게 썰어준 뒤 찬물에 담가 짠맛을 빼준다(10~20분, 염도에 따라 조절).
2. 짠맛이 빠진 오이지는 흐르는 물에 헹군 뒤 면포에 넣고 물기를 꽉 짠다.
3. 분량의 양념을 넣고 무친다.
4. 다진 쪽파와 홍고추를 넣고 잘 섞는다.
5. 두고 먹을 건 반찬 통에 덜어두고 당장 먹을 것만 참기름을 넣고 무친다.

tip
오이지의 염도에 따라 물에 담가놓는 시간을 조절해주세요. 중간에 하나 건져내 물기를 꼭 짠 뒤 맛보는 게 가장 정확해요. 오이지 소금간이 너무 빠져 싱거워졌다면 간장 1큰술을 넣고 나머지는 소금으로 간을 맞춰주세요.

chapter 01 상차림이 쉬워지는 계절별 반찬

autumn

비타민, 미네랄, 단백질, 베타카로틴이 풍부한 건강 식재료 표고버섯!
고기 부럽지 않은 식감과 맛을 자랑하는 표고버섯으로
간단하지만 맛있는 표고버섯볶음을 만들어보세요.

표고버섯볶음

10분 — recipe 011

ingredients 표고버섯 12개
양념 간장 1큰술, 굴소스 1큰술, 다진 마늘 1/2큰술, 올리고당 1/2큰술, 맛술 1큰술
마무리 참기름 1큰술, 통깨 1큰술, 대파 1/2대

how to make

1. 표고버섯은 흐르는 물에 씻어 물기를 탈탈 털어내고 기둥을 떼어낸 뒤 먹기 좋게 썰어준다.
2. 대파는 송송 썰어 준비한다.
3. 기름 두른 팬에 다진 마늘을 볶아 향을 낸다.
4. 표고버섯과 분량의 양념을 넣고 숨이 죽을 때까지 볶는다.
5. 숨이 죽으면 대파, 참기름, 통깨를 넣어 마무리한다.

tip
표고버섯은 갓이 두꺼우면서 균열이 있는 게 맛있어요. 짧고 굵은 기둥에 갓이 너무 피지 않은 표고버섯으로 선택하세요.

chapter 01 상차림이 쉬워지는 계절별 반찬

especially
autumn

새콤, 달콤, 매콤하게 무쳐내면 향긋한 도라지 향이 매력적으로 어우러져
입맛 돋우는 반찬이 되는 도라지무침!
쓰지 않게 무치는 게 포인트이니 레시피대로 꼼꼼하게 따라 만들어보세요.

도라지무침

50분 — recipe 012

ingredients 손질한 도라지 500g(2공기), 쪽파 조금
손질 굵은 소금 약간, 식초 1큰술
양념 설탕 1큰술, 식초 2큰술, 매실액 1큰술, 고춧가루 1+1/2큰술, 고추장 1큰술, 다진 마늘 1/2큰술
마무리 소금 1꼬집, 통깨 1큰술

how to make
1. 도라지는 먹기 좋게 자른 뒤 굵은 소금으로 바락바락 치대서 씻는다.
2. 식초 1큰술을 넣은 물에 30분 정도 담가둔다.
3. 2를 헹군 뒤 물기를 빼고 설탕을 넣고 버무려 10분 정도 그대로 둔다.
4. 3에 고춧가루를 넣어 색을 입힌다.
5. 나머지 양념과 쪽파를 넣고 버무린다.
6. 부족한 간은 소금으로 맞춘 뒤 통깨를 뿌려 마무리한다.

tip
식초 물에 담가뒀다가 설탕을 넣고 버무리는 과정이 도라지의 쓴맛을 제거하는 포인트랍니다. 시간이 조금 걸리더라도 쓴맛 없이 향긋한 도라지의 맛만 살려 맛있게 만들어보세요!

연근과 우엉, 각각 조림으로 만들어도 맛있지만
양념 베이스가 동일해 함께 조리해도 괜찮은 식재료랍니다.
특유의 식감과 향이 매력적인 연근과 우엉! 단짠단짠 간장양념에 맛있게 졸여보세요!

연근우엉조림

40분 · recipe 013

ingredients 연근 2뿌리, 우엉 2대, 다시마 4장
아린 맛 제거 식초 2큰술
양념 간장 1/2컵, 맛술 1/2컵, 식용유 3큰술, 물엿 3큰술
데치기 식초 2큰술
마무리 통깨 1큰술, 물엿 5큰술

how to make

1. 우엉과 연근은 필러로 껍질을 깎은 뒤 깨끗이 씻어 준비한다.
2. 비슷한 두께로 우엉과 연근을 썰어준 뒤 식초 물에 담가둔다.
3. 끓는 물에 식초 2큰술을 넣고, 우엉과 연근을 넣어 1~2분 데친 뒤 찬물에 헹군다.
4. 3에 간장, 맛술, 식용유, 물엿을 넣고 끓인다.
5. 끓으면 잘 섞은 뒤 뚜껑을 덮고 중약불에서 양념이 자작해질 때까지 졸인다.
6. 양념이 자작해지면 나머지 물엿을 넣고 불을 올려 빠르게 졸여 마무리한다.
7. 통깨를 뿌린다.

tip
양념에 식용유를 넣어주는 게 포인트랍니다. 쫀득하면서 윤기 나는 조림을 완성할 수 있어요!

autumn

단짠단짠 양념에 고소함이 더해진 땅콩조림이에요.
햇땅콩이 나오기 시작하는 가을에 만들어 먹으면 더 고소하고 맛있으니
좌르르 윤기가 흐르는 땅콩조림을 만들어보세요!

땅콩조림

recipe 014

30분

ingredients 생땅콩 2공기
삶을 때 물 적당량, 식초 1큰술, 식용유 1큰술
조릴 때 물 적당량, 간장 10큰술, 설탕 1큰술, 물엿 9큰술

how to make
1. 땅콩은 깨끗이 씻은 뒤 물을 충분히 붓고 식초 1큰술, 식용유 1큰술을 넣고 10분간 삶는다.
2. 삶은 땅콩은 깨끗이 헹군 뒤 준비한다.
3. 땅콩이 잠길 정도로 물을 붓고 간장 10큰술, 설탕 1큰술을 넣고 끓인다.
4. 양념장이 1/3 정도로 줄어들면 물엿을 넣고 바짝 조린다.

tip
땅콩은 알이 꽉 찬 것이 좋은 땅콩이랍니다. 삶아 먹어도 별미 간식인 땅콩, 제철에 많이 챙겨 먹어요!

chapter 01 상차림이 쉬워지는 계절별 반찬

autumn / winter

사시사철 구하기 쉬운 무를 이용해
맛있는 무생채를 만들어보세요.
절이는 과정을 생략해 10분 안에 뚝딱 만들 수 있답니다.

무생채

recipe 015

15분

ingredients 무 1/2개
양념 고춧가루 5큰술, 액젓 2큰술, 설탕 1큰술(또는 물엿 2큰술), 식초 2큰술, 다진 마늘 1/2큰술, 매실액 2큰술 , 소금 2꼬집
마무리 통깨 1큰술, 참기름 1큰술, 쪽파 5대

how to make
1 무는 세로 방향으로 채를 썰고 고춧가루로 먼저 버무려 색을 입힌다.
2 나머지 양념을 모두 넣고 버무린다.
3 마지막에 쪽파, 참기름, 통깨를 넣어 마무리한다.

tip
무를 세로 방향으로 채 썰면 버무리는 과정에서 으스러지지 않아요. 오래 두고 먹을 거라면 무채를 소금에 절인 뒤 물기를 꼭 짜고, 소금을 뺀 나머지 양념만 넣어 버무려주세요!

winter

오독오독 식감 좋은 톳에 부드럽고 고소한 두부를 넣어
함께 무쳐 먹는 톳나물두부무침이에요.
매력적인 식감에 바다향 가득한 톳나물을 가장 맛있게 즐길 수 있는 반찬이랍니다.

톳나물두부무침

30분 — recipe 016

ingredients 톳 2줌, 두부 1/2모
양념 간장 1큰술, 통깨 1큰술
마무리 참기름 1큰술, 고운 소금 약간

how to make

1. 톳나물은 소금을 넣은 끓는 물에 초록색이 될 때까지 데친 뒤 흐르는 물에 여러 번 헹군다.
2. 물기를 뺀 톳나물은 먹기 좋게 썬다.
3. 두부는 면포를 이용해 물기를 제거한다.
4. 볼에 톳과 두부를 넣고 분량의 양념을 넣어 무친다.
5. 부족한 간은 소금으로 맞추고 마지막에 참기름을 넣어 고소함을 더한다.

tip
데친 톳나물은 멸치액젓, 고춧가루, 설탕, 다진 마늘로 양념해 무쳐 먹어도 별미랍니다.

winter

겨울철 대표 반찬 파래무침이에요.
새콤달콤 양념에 아삭하게 절인 무까지 넣고 무치면 입맛 돋우는 밥 반찬이 되지요.
바다향 가득, 겨울의 맛을 만끽해보세요.

파래무침

recipe 017

20분

ingredients

파래 250g, 무 1/4개
무 절이기 소금 1/2큰술, 설탕 1큰술
양념 국간장 1큰술, 멸치액젓 1큰술, 식초 3큰술, 설탕 1+1/2큰술, 다진 마늘 1/2큰술
마무리 통깨 1/2큰술, 홍고추 1/2개

how to make

1. 무는 채 썰어 소금, 설탕에 절여둔다.
2. 파래는 굵은 소금을 넣고 바락바락 주무른 뒤 깨끗한 물에 2~3번 헹궈 체에 밭쳐둔다.
3. 파래와 절인 무의 물기를 꼭 짜서 볼에 담는다.
4. 분량의 양념을 넣어 조물조물 무친 뒤 홍고추와 통깨를 넣고 잘 섞어 마무리한다.

tip
고춧가루를 1/2큰술 정도 넣어도 맛있어요.

winter

싱싱한 제철 오징어로 만든 오징어볶음에서는 은은한 단맛이 느껴진답니다.
쫄깃하면서도 부드러운, 매콤한 오징어볶음을 만들어보세요.
밥에 올려 슥슥 비벼 먹어도 일품이지요.

오징어볶음

recipe 018

40분

ingredients 오징어 2마리, 양파 1/2개, 당근 1/3개, 애호박 1/2개, 양배추 1/4통, 대파 1대
양념 고추장 2큰술, 고춧가루 3큰술, 간장 2큰술, 맛술 2큰술, 설탕 1큰술, 다진 마늘 1큰술, 후추 2꼬집
마무리 참기름 1큰술, 통깨 1큰술

how to make

1. 분량의 양념을 섞어 양념장을 먼저 만들고 숙성시켜둔다.
2. 채소는 먹기 좋게 썰어 준비한다.
3. 오징어는 깨끗이 씻은 뒤 칼집을 넣고 먹기 좋게 썰어 준비한다.
4. 3에 1의 양념을 넣고 잘 섞어둔다.
5. 기름 두른 팬에 애호박을 제외한 채소를 넣고 센 불에서 빠르게 볶는다.
6. 5에 4와 애호박을 넣고 볶는다.
7. 참기름과 통깨를 넣어 마무리한다.

tip
매운 걸 잘 못 먹는 아이들은 간장 2큰술, 굴소스 2큰술, 맛술 2큰술, 올리고당 1큰술, 다진 마늘 1/2큰술을 넣고 간장 버전의 오징어볶음을 만들어주세요.

가성비 좋은 겨울 식재료 코다리.
적당히 꾸덕꾸덕 마른 코다리를 촉촉하게 조림으로 만들어보세요.
코다리보다 더 맛있는 무도 잊지 마시고요!

코다리조림

recipe 019 · 40분

ingredients 코다리 2마리, 무 1/3토막, 대파 1대, 양파 1/2개, 청홍고추 1개씩
양념 간장 1/2컵(약 12큰술), 고춧가루 5큰술, 맛술 3큰술, 매실액 3큰술, 식용유 3큰술, 물엿 3~4큰술, 다진 마늘 1큰술, 후추 3꼬집

how to make

1. 코다리는 먹기 좋게 토막 내고(3~4등분) 지느러미는 가위로 잘라낸 뒤 깨끗이 씻어 준비한다.
2. 무는 도톰하고 큼직하게 썰고, 대파와 양파도 큼직하게 썬다.
3. 분량의 양념 재료를 모두 섞어둔다.
4. 냄비에 무를 깔고 손질한 코다리를 올린 다음 양념장을 붓는다. 물 50ml 정도를 양념장 그릇에 부어 남은 양념장을 잘 긁어낸 뒤 냄비에 넣는다.
5. 센 불에 올려 끓이다가 중간 불로 낮춰 5~10분 졸인다.
6. 양파, 대파, 고추를 넣고 양념장이 반 이상 졸아들 때까지 끓인다.
7. 마지막에 불을 세게 올려 바짝 졸인다.

tip
코다리를 손질할 때 내장 쪽에 있는 검은 막은 반드시 제거해야 비리지 않아요. 코다리가 많이 말라 있는 상태라면 쌀뜨물에 10분 정도 담가둔 뒤 사용하세요.

winter

꼬들꼬들, 오독오독! 식감이 너무 좋은 무말랭이.
가을에 한창 단맛이 오른 제철 무를 채 썰어 말려 두었다가
겨울철 밑반찬으로 무말랭이무침을 만들어 먹으면 그야말로 예술이죠.

무말랭이무침

40분 — recipe 020

ingredients 무말랭이 200g
밑간 멸치액젓 6큰술
양념장 고춧가루 5큰술, 간장 5큰술, 매실액 2큰술, 다진 마늘 1큰술
마무리 물엿 5큰술, 통깨 약간

how to make

1. 무말랭이는 물에 2~3번 깨끗하게 씻는다.
2. 깨끗이 씻은 무말랭이를 물에 담가 20~30분 불린다.
3. 불린 무말랭이는 물기를 짜서 준비한다.
4. 3에 멸치액젓 6큰술을 넣고 밑간이 배도록 30분~1시간 둔다.
5. 분량의 양념을 섞어 양념장을 만든다.
6. 4에 5의 양념을 넣고 잘 버무려준다.
7. 양념이 배어들면 물엿을 넣고 잘 섞은 뒤 통깨를 뿌려 마무리한다.

tip
무말랭이는 건조된 상태에 따라 불리는 시간을 조절해주세요. 액젓은 멸치액젓 대신 까나리액젓을 사용해도 됩니다.

매콤하게 볶아낸 어묵볶음 레시피예요.
고춧가루를 빼면 간장 양념 볶음이 되고요.
2가지 버전 모두 즐겨보세요!

어묵볶음

recipe 021

10분

ingredients 어묵 3~4장, 양파 1/2개, 대파 1대, 고추 2~3개
양념 다진 마늘 1/2큰술, 간장 3큰술, 고춧가루 2큰술, 물엿 2큰술, 설탕 1/2큰술
마무리 참기름 1큰술, 통깨 1큰술

how to make

1. 어묵은 먹기 좋게 썰어 뜨거운 물로 씻는다.
2. 채소는 먹기 좋은 크기로 썰어 준비한다.
3. 팬에 기름을 두르고 다진 마늘을 볶다가 어묵, 설탕을 넣고 볶는다.
4. 양파와 분량의 양념을 넣고 볶는다.
5. 양념이 배어들면 대파, 고추를 넣고 볶는다.
6. 참기름, 통깨를 넣어 마무리한다.

tip 양념을 넣고 난 뒤부터는 중약불로 조절해주어야 타지 않아요.

chapter 01 설거리가 쉬워지는 계절별 반찬

국민반찬, 감자볶음!
감자만 볶아도 맛있지만
색색의 채소를 더해 알록달록 예쁘게 볶아보아요.

감자볶음

recipe 022

10분

ingredients 감자 3개, 양파 1/2개, 당근 1/2개, 피망 1개
양념 고운 소금 또는 맛소금 1/2큰술
마무리 참기름 1큰술, 통깨 1큰술

how to make

1. 감자는 껍질을 벗기고 채 썰어 소금물에 5분 정도 담가둔다.
2. 충분히 예열한 팬에 기름을 넉넉히 두르고 중불로 낮춘 뒤 감자, 양파 채를 볶는다. 이때, 소금으로 간을 맞춘다.
3. 감자가 거의 다 익어가면 당근을 넣고 볶는다.
4. 감자가 다 익으면 피망을 넣고 섞은 뒤 불을 끈다.
5. 참기름, 통깨를 넣어 마무리한다.

tip
감자 속 전분 성분 때문에 물에 담가두지 않고 바로 볶으면 쫀득쫀득한 식감의 감자볶음이 된답니다. 나름의 고소한 맛이 있으니 취향대로 만들어 먹어요. 햄이나 맛살을 넣고 볶아주면 아이들이 더 좋아하는 반찬이 됩니다.

무쳐 먹거나, 국으로 끓여 먹기 좋은 콩나물!
양이 애매하게 남았을 때는 콩나물조림을 만들어보세요.
멸치까지 들어가 감칠맛도 좋은 밥도둑 반찬이랍니다.

콩나물조림

recipe 023

15분

ingredients 콩나물 500g, 마른 멸치 10~15마리, 양파 1/2개, 대파 1대, 청홍고추 1개씩
양념 간장 2큰술, 고추장 1큰술, 고춧가루 2큰술, 다진 마늘 1큰술, 설탕 1/2큰술
마무리 통깨 1큰술

how to make
1. 멸치는 머리와 내장을 제거해 준비한다.
2. 깨끗이 씻은 콩나물은 냄비에 담고 물을 소주잔으로 2컵 정도 넣은 뒤 뚜껑을 덮고 삶는다.
3. 끓으면 뚜껑을 열고 위아래로 잘 섞어준다.
4. 분량의 양념과 먹기 좋게 썬 채소, 손질한 마른 멸치를 모두 넣고 잘 섞는다.
5. 중약불에서 자작하게 조린 뒤 통깨를 뿌려 마무리한다.

tip
조림 과정에서 콩나물 속 수분이 많이 빠져나가기 때문에 굵은 콩나물을 사용하는게 좋답니다. 통통한 찜용 콩나물을 사용하세요. 매운맛을 좋아한다면 청양고추를 넣어주세요.

사시사철 구하기 쉬운 채소, 애호박.
애호박으로 만드는 간단한 반찬 애호박볶음이에요.
모양이 으스러지지 않도록 살짝 절여서 볶는 게 포인트랍니다.

애호박볶음

recipe 024

ingredients 애호박 1개, 홍고추 1/2개(생략 가능)
절이기 굵은 소금 1큰술, 물 6큰술
양념 새우젓 1큰술(건더기만), 설탕 1꼬집, 다진 마늘 1/2큰술
마무리 참기름 1큰술, 통깨 1큰술

how to make
1 애호박은 반달 모양으로 썬 뒤 굵은 소금, 물에 10분간 절여둔다.
2 절인 호박은 가볍게 한 번 헹궈 물기를 꼭 짜서 준비한다.
3 팬에 호박과 새우젓, 다진 마늘, 설탕을 넣고 중불에 볶는다.
4 홍고추를 넣고 볶다가 참기름, 통깨를 넣어 마무리한다.

tip
소금에 절인 상태라 오래 볶지 않아도 된답니다. 살캉살캉 절여진 식감을 살려 중불에서 살짝만 볶아주세요.

chapter 01 상차림이 쉬워지는 계절별 반찬

간단한 밑반찬 진미채볶음이에요.
저희 집 둘째 꼬맹이의 최애 반찬이지요.
김밥 속재료로 넣고 싸먹어도 별미랍니다.

진미채볶음

recipe 025

10분

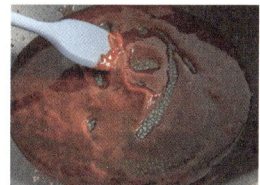

ingredients

진미채 200g
밑간 마요네즈 3~4큰술
양념 고추장 1큰술, 간장 2큰술, 맛술 2큰술, 물엿 5큰술
마무리 참기름 1큰술, 통깨 1큰술

how to make

1   진미채는 먹기 좋게 잘라 마요네즈에 버무린다.
2   분량의 양념을 팬에 담아 끓인 뒤 불을 끈다.
3   1을 2에 넣고 잘 섞은 뒤 참기름, 통깨를 넣어 마무리한다.

tip
김밥 김에 조미한 밥을 깔고 진미채볶음만 속재료로 넣어 싸먹어도 아주 맛있답니다. 저희 집 단골 김밥인 진미김밥이에요.

맛있게 만들기가 은근 어려운 멸치볶음!
짜지 않고 맛있는 멸치 선택부터가 중요하답니다.
태우지 않고 맛있게 멸치볶음 만드는 법, 기억해두세요!

멸치볶음

recipe 026

15분

ingredients 잔멸치 1공기, 호두 또는 견과류 1줌
양념 간장 1큰술, 맛술 2큰술, 설탕 1큰술, 물엿 4큰술
마무리 통깨 1큰술

how to make

1 마른 팬에 멸치를 한 번 볶아 수분과 비린 맛을 날려준다(중약불).
2 체에 밭쳐 가루를 털어내고 깨끗한 팬에 식용유를 두르고 중불에서 멸치와 호두를 볶는다.
3 약불에서 물엿을 제외한 양념을 넣어준 뒤 전체적으로 고루 섞는다.
4 불을 끈 뒤 물엿을 넣고 고루 섞어준다.
5 통깨 1큰술을 넣고 마무리한다.

tip
호두 대신 다른 견과류를 넣어도 좋아요. 견과류도 마른 팬에 한 번 볶아 사용하면 훨씬 더 고소해요. 청양고추와 마늘을 넣으면 더 향긋하고 매콤하게 먹을 수 있어요.

눅눅해진 김이 있다면 무조건 김무침!
무치기 전과 무친 후의 김 양을 보면 깜짝 놀라게 되지요.
먹다 보면 계속 젓가락이 가는 은근 중독성 있는 밑반찬이랍니다.

김무침

recipe 027

10분

ingredients 눅눅해진 김 40장
양념 간장 3큰술, 물엿 3큰술, 맛술 1큰술
마무리 통깨 1큰술, 참기름 1큰술, 쪽파 5대

how to make
1 눅눅한 김은 달궈진 팬에 앞뒤로 바삭하게 굽는다.
2 구운 김은 비닐 팩에 넣고 잘게 부숴준다.
3 분량의 양념 재료를 따로 섞어 준비한다.
4 볼에 김을 담고 양념을 고루 부어 조물조물 무친다.
5 숨이 죽으면 송송 썬 파를 넣고 잘 섞는다.

tip
눅눅한 김은 바삭하게 구운 뒤 시금치 무침에 넣고 무쳐도 잘 어울리고 맛있어요.

핏물 빼고, 삶고. 시간은 많이 걸리지만
만들어두면 가장 든든한 반찬이 바로 장조림이 아닐까 싶어요.
아이들이 좋아하는 부드러운 소고기장조림을 만들어보세요.

소고기장조림

2시간 — recipe 028

ingredients 장조림용 소고기 300g(양지 또는 우둔살, 홍두깨살도 OK), 꽈리고추와 통마늘 각 15~20개
고기 삶을 때 생강 1/2쪽, 대파 1/2대, 통후추 1/3큰술
양념 간장 8큰술, 꿀 2큰술, 설탕 1큰술

how to make

1. 소고기는 찬물에 30분간 담가 핏물을 빼준다.
2. 꽈리고추는 포크로 찔러 구멍을 내놓고 통마늘은 껍질을 까고 씻어 준비한다.
3. 핏물 뺀 소고기는 끓는 물에 한 번 삶는다(전체적으로 데치듯이).
4. 3은 찬물에 담가 깨끗이 씻은 뒤(불순물 제거) 깨끗한 냄비에 담는다.
5. 고기 담은 냄비에 물 3~4컵을 붓고 대파, 생강, 통후추를 넣은 뒤 약불에서 1시간 가량 삶는다(중간 중간 물이 부족하면 추가로 넣어준다).
6. 고기는 건져내 한 김 식힌 뒤 결대로 찢어 준비한다.
7. 육수는 따로 채에 걸러준 뒤 물 1컵과 분량의 양념을 넣고 섞는다.
8. 7에 고기와 마늘을 넣어 한소끔 끓인다.
9. 꽈리고추를 넣고 뚜껑을 덮어 꽈리고추가 숨이 죽을 정도로 조린다.

tip
삶은 메추리알을 넣어줘도 좋아요. 소고기 대신 돼지고기 사태살이나 닭가슴살을 이용해도 맛있답니다.

입에 착 감기는 양념이 예술인 황태양념구이에요.
차례 지내고 남은 황태포나 북어포를 활용해도 좋아요.
통 황태포가 아닌 찢어진 황태채를 이용해도 된답니다.

황태양념구이

recipe 029

20분

ingredients

황태포 2마리
밑간 참기름 2큰술
양념장 간장 3큰술, 고춧가루 2큰술, 고추장 1+1/2큰술, 다진 마늘 1/2큰술, 맛술 2큰술, 매실액 2큰술, 물엿 4큰술, 후추 2꼬집
마무리 통깨 1큰술, 쪽파 3대

how to make

1. 황태포는 머리와 꼬리지느러미를 가위로 잘라 손질한다.
2. 손질한 황태는 물에 한 번 가볍게 담갔다 빼준다.
3. 촉촉해진 황태포 양면에 참기름을 바른다.
4. 달궈진 팬에 황태포를 굽다가 기름을 살짝 두르고 양념장을 앞뒤로 고루 발라 굽는다.
5. 먹기 좋게 썰어 접시에 담아 내고 쪽파와 통깨를 뿌려 마무리한다.

tip
참기름 바른 황태포 양면에 양념장을 바른 뒤 에어프라이어에 넣고 180도에서 6~10분 정도 돌려도 됩니다 (중간에 한 번 뒤집어 주세요).

참치 캔으로 뚝딱 만들어내는 반찬이에요.
고소한 참치전은 아이들 반찬으로도 좋으니
평소 아이들이 잘 먹지 않는 채소를 아주 잘게 다져 넣고 만들어보세요.

참치전

recipe 030

20분

ingredients 참치 작은 것 2캔, 양파 1/4개, 당근 1/3개, 대파 1/2대, 맛타리 버섯 1줌 또는 표고버섯 2개, 부침가루 3큰술, 계란 2개

how to make

1. 참치는 체에 밭쳐 기름을 뺀다
2. 채소는 모두 잘게 다져 준비한다.
3. 볼에 1과 2를 담고 계란, 부침가루를 넣고 반죽한다.
4. 넉넉히 기름을 두른 팬에 모양을 잡아 노릇하게 구워준다.

tip
냉장고 속 자투리 채소를 처리하기 좋은 반찬이에요. 참치 대신 맛살이나 크래미를 잘게 찢어 넣고 만들어도 좋아요.

031
050

○ 계란국 ○ 조개국 ○ 배추된장국 ○ 만둣국 ○ 콩나물김치국 ○ 어묵국 ○ 오이냉국 ○ 돼지고기김치짜글이 ○ 소고기미역국 ○ 참치김치찌개 ○ 청국장 ○ 명란알탕 ○ 해물뚝배기 ○ 차돌된장찌개 ○ 북엇국 ○ 소고기국 ○ 순두부찌개 ○ 오징엇국 ○ 부대찌개 ○ 굴국

chapter
02

후다닥
끓이는
국과 찌개

햇살한스푼의 후다닥 집밥

바쁜 아침, 육수 없이도 맛있고 간단하게 끓일 수 있는 계란국!
특별한 재료가 들어가지 않아도
깔끔담백하게 즐길 수 있어요.

계란국

10분
recipe 031

ingredients

육수 멸치 육수 또는 황태 육수 3컵
육수 없이 물 3컵, 새우젓 1큰술 또는 액젓 2큰술, 계란 2개, 대파 약간, 국간장 1큰술, 소금 1꼬집
마무리 참기름 1/2큰술, 깨소금 2~3꼬집

how to make

1. 육수가 끓어오르면 간장과 소금으로 간을 맞춘 뒤 불을 끈다.
2. 볼에 푼 계란을 둘러 넣는다.
3. 다시 불에 올려 대파를 넣고 한소끔 끓여 마무리한다.
4. 그릇에 담고 참기름과 통깨 부순 것 2~3꼬집을 올려준다.

tip
생김 1장을 불에 살짝 구운 뒤 그릇에 부숴 담고 완성된 계란국을 담으면 색다른 맛의 김계란국을 즐길 수 있답니다. 한 가지 요리로 2가지 맛을 내보세요!

제철 조개를 이용해 간단하게 끓이는 조개국이에요.
기본 밑간에 감칠맛까지 모두 조개가 담당해주기 때문에 맛내기가 쉬운 국 중 하나랍니다.
전날 밤 미리 해감만 시켜두면 바쁜 아침에도 후다닥 끓여내기 쉬워요!

조개국

recipe 032

15분

ingredients 조개(바지락 또는 모시조개) 국공기로 2그릇, 두부 1/2모, 대파 1/2대, 청홍고추 각 1개
육수 무 1/4개, 다시마 2조각, 대파 1대
마무리 소금 약간

how to make

1 조개는 물 1L에 굵은 소금 1큰술을 섞은 물에 담가 검은 비닐 또는 포일을 씌워 해감한다(1시간).
2 1의 조개는 흐르는 물에 여러 번 바락바락 씻어 준비한다.
3 손질한 조개와 얇게 썬 무, 대파, 다시마, 물을 넣고 끓인다.
4 조개가 입을 벌리면 조개는 따로 건진다.
5 나머지 재료는 5~10분간 더 끓인 뒤 체에 받쳐 맑은 국물만 깔끔하게 걸러낸다.
6 5의 육수에 4의 조개를 넣고 두부, 대파, 청홍고추를 넣는다.
7 부족한 간은 소금으로 맞춘다.

tip
조개는 계절에 따라 제철 조개를 활용하면 됩니다. 조개는 기본 간이 되어 있기 때문에 소금 간은 마지막에 맞춰주세요! 청양고추를 넣어 칼칼하게 즐겨도 좋아요. 육수에 들어간 무는 완성된 국에 같이 넣어도 됩니다.

육수 대신 소고기와 쌀뜨물로
구수한 감칠맛을 낸 배추된장국 레시피입니다.
겨울철에 특히 더 맛있게 즐길 수 있는 국이에요.

배추된장국

recipe 033

20분

ingredients	소고기 국거리 100g, 국간장 1큰술, 배추 10장, 표고버섯 2개, 청홍고추 각 1개, 대파 1대
	육수 쌀뜨물 1.5L
	양념 된장 1+1/2큰술, 다진 마늘 1/2큰술, 소금 2꼬집, 설탕 1꼬집
	마무리 소금 약간

how to make

1. 냄비에 참기름을 살짝 두르고 소고기와 국간장 1큰술을 넣고 볶는다.
2. 고기가 어느 정도 익으면 쌀뜨물을 부어 끓여준다.
3. 끓어오르면 된장을 풀고 다진 마늘, 설탕 한 꼬집을 넣어준다.
4. 먹기 좋게 썬 배추와 표고버섯을 넣어 배추 줄기가 푹 익을 때까지 끓인 뒤 간을 보고 부족한 간은 소금으로 맞춘다.
5. 어슷썬 청홍고추와 대파를 넣는다.

tip
된장국에 설탕을 한 꼬집 정도 넣으면 감칠맛을 북돋아준답니다. 소고기육수 대신 진하게 우려낸 멸치육수에 끓여도 담백하게 즐길 수 있어요.

만두에 육수만 있으면 간단하게 끓여낼 수 있는 만둣국.
바쁜 아침, 간단하지만 든든하게!
여기에 당면까지 넣어 더 맛있게 즐겨보세요.

만둣국

recipe 034

10분

ingredients 물만두 15~20개, 불린 당면 1줌, 계란 1개, 대파 1/2개
육수 멸치육수 1L
양념 국간장 1큰술, 소금 2꼬집, 후추 2꼬집
마무리 깨소금 1큰술, 김 가루 1줌

how to make
1 육수는 국간장, 소금, 후추로 간을 맞춘다.
2 불린 당면과 만두를 넣고 끓인다.
3 만두가 익으면 계란 물, 대파를 넣고 끓여 마무리한다.
4 김 가루, 깨소금 등을 고명으로 올려준다.

tip
육수 간을 심심하게 한 뒤, 양념 간장을 넣어 먹어도 맛있어요.

chapter 02 후다닥 끓이는 국과 찌개

국거리가 마땅치 않을 때 후다닥 끓여내는 콩나물김칫국이에요.
어묵으로 감칠맛까지 더해주면 퍼펙트!
해장용으로도 손색없답니다.

콩나물김칫국

recipe 035

ingredients 익은 김치 1공기, 어묵 1장, 콩나물 1줌, 대파 1/2대
육수 멸치 육수 1L
양념 김치국물 5큰술, 고춧가루 1/2큰술, 소금 1꼬집
마무리 소금 약간

how to make

1. 육수에 먹기 좋게 썬 김치와 김치 국물을 넣고 끓인다.
2. 끓으면 콩나물을 넣고 뚜껑을 연 채로 끓인다.
3. 2가 끓어오르면 한입 크기로 썬 어묵과 고춧가루를 넣는다.
4. 부족한 간은 소금으로 맞춘다.
5. 송송 썬 대파를 넣고 마무리한다.

tip
김치가 많이 익어 신맛이 강하면 설탕을 한 꼬집 넣어주세요. 김치가 애매하게 익었다면 식초를 1큰술 넣고 끓여도 좋아요.

겨울철 아이들의 아침식사에 자주 등장하는 어묵국이에요.
빠르게 끓일 수 있으면서도 기본 맛이 보장되는 국이라
바쁜 아침 자주 선택하게 된답니다.

어묵국

recipe 036

10분

ingredients

모듬 어묵 1봉 또는 사각어묵 3장, 표고버섯 1개, 무 1/6개, 대파 1대
육수 멸치 육수 1.5L
양념 국간장 1+1/2큰술, 다진 마늘 1/2큰술, 소금 1/4큰술

how to make

1. 멸치 육수에 작은 사각형으로 썬 무와 국간장을 넣고 끓인다.
2. 무가 익으면 먹기 좋게 썬 어묵, 표고버섯, 다진 마늘을 넣고 끓인다.
3. 어묵이 익으면 대파, 고추 등을 넣어 마무리한다.

tip
어묵 자체의 감칠맛 덕분에 맹물에 끓여도 기본 맛은 낼 수 있어요. 맹물에 끓인다면 액젓을 1/2큰술 정도 넣어주세요.

chapter 02 후다닥 끓이는 국과 찌개

summer

여름철 식탁의 단골 메뉴, 오이냉국이에요.
불 없이 후다닥, 새콤달콤 시원하게 만들어 내면
집 나간 입맛이 절로 돌아온답니다.

오이냉국

10분 — recipe 037

ingredients 오이 1개, 마른 미역 2큰술, 양파 1/4개, 청홍고추 각 1/2개씩
육수 다시마 육수 3컵
양념 국간장 1큰술, 다진 마늘 1/2큰술, 식초 6큰술, 설탕 2+1/2큰술, 고운 소금 1/3큰술, 매실액 2큰술
마무리 통깨 1큰술, 소금 약간

how to make
1. 마른 미역은 물에 불린 뒤 깨끗이 씻어 준비한다.
2. 오이는 굵은 소금으로 문질러 씻고 채 썰어 준비한다.
3. 양파는 곱게 채 썰고 청홍고추는 송송 썰어준다.
4. 물기를 꼭 짠 미역에 분량의 양념을 넣고 조물조물 무친다.
5. 4에 오이와 양파, 고추를 넣고 전체적으로 섞은 뒤 물을 붓는다.
6. 부족한 간은 소금으로 맞춘다.

tip
얼음을 넣으면 간이 약해지기 때문에 완성한 오이냉국의 간이 조금 세야 최종 간이 맞답니다. 새콤달콤 버전도 맛있지만 고춧가루, 소금, 참기름, 통깨를 넣고 양념해 칼칼한 버전으로 만들어도 매력적이에요.

돼지고기 김치찌개와는 조금 달라요.
국물이 자작한, 볶음과 찌개 사이 정도 되는 짜글이 레시피랍니다.
유명 맛집에서 먹었던 짜글이를 집에서 재현해본 건데 완전 밥도둑이에요.

돼지고기김치짜글이

recipe 038

ingredients 돼지고기(기름기 있는 부위) 300g, 묵은지 1공기, 어묵 1장, 대파 1/2대, 양파 1/2개
육수 멸치 육수 또는 물 300ml
돼지고기 밑간 간장 2큰술, 설탕 1큰술, 맛술 1큰술, 다진 마늘 1큰술, 된장 1/2큰술, 후추 1꼬집
짜글이 양념 고춧가루 2큰술, 김치국물 3큰술
마무리 소금 약간

how to make
1. 돼지고기는 분량의 양념으로 밑간해둔다.
2. 채소와 어묵, 묵은지는 먹기 좋게 썰어 준비한다.
3. 냄비에 1의 돼지고기를 볶다가 90% 정도 익었을 때 묵은지를 넣고 볶는다.
4. 김치 국물과 분량의 물 또는 육수를 넣는다(자작한 정도).
5. 4에 양파, 대파, 어묵을 넣고 뚜껑을 덮은 뒤 중불에서 끓인다.
6. 잘 섞고 부족한 간은 소금으로 맞춘다.

tip
돼지고기는 기름기가 많은 부위를 사용해야 진한 맛을 낼 수 있답니다. 물을 적게 붓고 자작하게 끓이는 게 중요해요!

아이들이 좋아해서 자주 끓이는 국이에요.
쌀뜨물을 넣고 끓이는 게 맛내기의 포인트랍니다.
뜨끈한 미역국 한 그릇이면 아침이 든든해요.

소고기미역국

recipe 039

30분

ingredients

소고기 국거리 200g, 불린 미역 2공기
육수 쌀뜨물 1.5L
고기 밑간 참기름 1큰술, 국간장 2큰술, 다진 마늘 1/2큰술, 설탕 1꼬집, 맛술 1큰술
양념 참기름 1큰술, 소금 1/3큰술
마무리 들깻가루 2큰술, 소금 약간

how to make

1. 마른 미역은 물에 충분히 불린 뒤 깨끗이 씻어 준비한다.
2. 냄비에 참기름을 두르고 고기와 밑간 양념을 넣고 중불에서 볶는다.
3. 고기가 충분히 익으면 준비한 미역을 넣고 참기름 1큰술을 더 넣은 뒤 볶는다.
4. 중불에서 미역을 충분히 볶은 뒤 쌀뜨물을 넣고 강불로 올린다.
5. 끓으면 불을 낮추고 중약불에서 5~10분간 푹 끓인다.
6. 간을 보고 부족한 간은 소금으로 맞춘다.
7. 마지막에 들깻가루 2큰술을 넣고 한소끔 끓여 마무리한다.

tip
소고기 대신 캔 참치나 조개를 넣어 끓여도 맛있는 미역국이에요. 육수 대신 쌀뜨물을 넣고 끓여주면 훨씬 더 구수하고 진한 미역국이 된답니다.

한국 사람이라면 누구나 좋아하는 김치찌개!
고소한 캔 참치를 더해 맛있는 참치김치찌개를 끓여보세요.
가성비 최고!

참치김치찌개

recipe 040

20분

ingredients 김치 1공기, 참치 1캔, 두부 1/2모, 양파 1/2개, 대파 1/2대
육수 물 또는 육수 500ml
양념 고춧가루 1큰술, 김치 국물 4~5큰술, 설탕 1/2큰술

how to make
1. 김치는 먹기 좋게 썰어준 뒤 참치 기름과 설탕에 버무려 10분 정도 숙성시킨다.
2. 냄비에 숙성시킨 김치와 양파, 육수, 고춧가루를 넣고 끓인다.
3. 끓으면 두부, 대파를 넣고 한소끔 끓인 뒤 김치 국물을 넣는다.
4. 참치 건더기를 넣고 마무리한다.

tip
김치가 많이 익어 신맛이 강하면 설탕을 넣어주고, 김치가 덜 익어 맛이 없다면 식초를 1큰술 넣어주세요.

요즘은 청국장도 냄새가 많이 나지 않게 잘 나오더라고요.
겨울엔 코 찡긋거리며 먹는 걸쭉하게 끓여낸 청국장이 최고!
구수한 매력에 빠져보세요.

청국장

20분

recipe 041

ingredients 송송 썬 묵은지 2큰술, 청국장 1/2공기, 양파 1/2개, 애호박 1/2개, 청양고추 2개, 대파 1/2대, 두부 1/3모, 팽이버섯 1개
육수 멸치 육수 4컵
양념 된장 1큰술
마무리 소금 약간

how to make

1. 멸치 육수에 김치와 된장을 넣고 끓인다.
2. 끓으면 양파, 애호박, 청양고추를 넣는다.
3. 중간중간 거품은 걷어가며 양파가 익을 때까지 끓여준다.
4. 두부를 넣고 끓으면 마지막에 청국장을 넣어준다.
5. 부족한 간은 소금으로 맞춘 뒤 대파, 버섯을 넣는다.

tip
청국장을 나중에 넣어야 쓴맛이 나지 않는 구수한 찌개를 끓일 수 있어요. 시판 청국장마다 염도에 차이가 있으니 간은 마지막에 맞춰주세요.

명란젓만 있으면 간단하게 끓여낼 수 있는 명란알탕이에요.
부들부들 두부도 필수!
청양고추 넣고 칼칼하게 끓이면 반주 안주로도 손색 없답니다.

명란알탕

recipe 042

15분

ingredients 명란젓 2~3개, 두부 1/3모, 양파 1/4개, 무 1/4개, 애호박 1/3개, 대파 1/2대
육수 멸치 육수 1L
양념 새우젓 1/2큰술, 고춧가루 1큰술, 다진 마늘 1/2큰술
마무리 소금 약간

how to make

1. 채소와 두부, 명란젓은 모두 먹기 좋게 썰어 준비한다.
2. 멸치 육수에 무를 넣고 먼저 끓인다.
3. 무가 어느 정도 익으면 새우젓, 고춧가루, 다진 마늘을 넣고 양파, 애호박을 넣어 끓인다.
4. 끓으면 명란을 넣고 두부, 대파를 넣어 마무리한다.
5. 부족한 간은 새우젓, 소금으로 맞춰준다.

tip
명란젓 자체에 염도가 있기 때문에 최종 간은 마지막에 맞춰야 합니다. 계란 1개를 풀어 넣고 부드럽게 즐겨도 맛있어요.

제주도의 명물 해물뚝배기를 집에서도 맛있게 만들어 먹어요.
구수한 된장 풀고, 칼칼한 고춧가루와 청양고추도 좀 넣어주면 반주 메뉴로도 굿!
시원하고 구수하게 즐기세요.

해물뚝배기

recipe 043

1시간

ingredients 낙지 1마리, 바지락 1/2공기, 꽃게 1마리, 미더덕(오만둥이) 1줌, 전복 1~2개, 가리비 1개, 무 1/6개, 대파 1대, 표고버섯 2~3개, 청홍고추 각 1개, 양파 1/2개
육수 멸치 육수 1L
양념 된장 1큰술, 고춧가루 1큰술, 멸치액젓 1큰술, 다진 마늘 1큰술, 설탕 1꼬집, 소금 1꼬집
마무리 쑥갓 1/2줌, 소금 약간

how to make
1 바지락은 소금물에 담가 해감한다.
2 꽃게는 등딱지를 제거한 뒤 깨끗이 씻어 먹기 좋게 썰어 준비한다.
3 멸치 육수에 된장 1큰술을 풀어준 뒤 분량의 양념을 넣고 끓인다.
4 3에 나박썰기한 무를 넣고 무가 어느 정도 익을 때까지 끓인다.
5 낙지를 제외한 손질한 해물을 모두 넣어준다.
6 먹기 좋게 썬 채소도 모두 넣고 끓인다.
7 낙지는 마지막에 넣어 살짝만 익힌다.
8 부족한 간은 소금으로 맞춘다.
9 쑥갓을 올려 마무리한다.

tip
채소는 냉장고 사정에 맞춰 각종 버섯이나 애호박 등을 추가해 넣어도 됩니다.

차돌을 듬뿍 넣고 구수하고 진하게 끓여낸 된장찌개.
이건 맛이 없을 수가 없는 요리죠!
밥에 슥슥 비벼 김치 하나 턱 올리면 한 그릇 뚝딱이에요.

차돌된장찌개

25분   recipe 044

ingredients   차돌박이 100g~150g, 감자 1/2개, 양파 1/2개, 애호박 1/2개, 표고버섯 3개, 두부 1/2모, 대파 2대, 청양고추 2개
육수 멸치 육수 또는 물 500ml(약 2컵 반)
양념 된장 2큰술, 고추장 1큰술, 고춧가루 1큰술, 다진 마늘 1/2큰술, 후추 1꼬집, 맛술 1큰술
마무리 소금 약간

how to make

1. 채소는 모두 먹기 좋게 썰어 준비한다.
2. 차돌박이는 맛술, 후추를 넣고 굽는다.
3. 어느 정도 익으면 대파를 넣고 노릇하게 될 때까지 구워준다.
4. 분량의 된장, 고춧가루, 고추장, 다진 마늘을 넣고 볶는다.
5. 육수 또는 물을 붓고 끓인다.
6. 끓기 시작하면 감자를 넣고 중간중간 거품은 걷어낸다.
7. 감자가 어느 정도 익으면 양파, 애호박, 버섯을 넣고 끓인다.
8. 채소가 충분히 익으면 두부를 넣고 마무리한다.
9. 부족한 간은 소금으로 보충한다.

tip
차돌박이를 먼저 구워 기름을 빼주면 느끼함은 잡고 구수함은 더해줄 수 있어요.

chapter 02 후다닥 끓이는 국과 찌개

국민 해장국, 북엇국입니다.
뽀얗게 끓여낸 국물은 해장에 그만이지만, 아이들도 좋아하지요.
북어 대신 황태를 넣고 끓여도 좋아요.

북엇국

recipe 045

15분

ingredients 북어 채 또는 황태 채 1공기, 무 1/5개, 대파 1/2대, 두부 1/3모, 계란 1개
육수 다시마 육수 또는 물 4컵
양념 들기름 또는 참기름 2큰술, 국간장 1큰술
마무리 소금 약간

how to make

1. 북어 채(황태 채)는 물에 가볍게 적신 뒤 물기를 짜서 준비한다.
2. 들기름 두른 냄비에 북어 채를 충분히 볶다가 먹기 좋게 자른 무를 넣고 볶는다.
3. 다시마 육수를 붓고 국간장 1큰술을 넣어 무가 익을 때까지 끓인다.
4. 두부, 대파를 넣고 부족한 간은 소금으로 맞춘다.
5. 계란 물을 두르고 한소끔 끓인 뒤 마무리한다.

tip
콩나물을 넣어주면 국물에 시원함까지 더할 수 있어요. 콩나물은 3번 단계에서 국이 끓을 때 넣어주세요.

고기를 푹 삶아 정성껏 끓여내는 육개장과는 달리 경상도에는 국거리 소고기를 이용해
빠르고 간단하게, 그리고 칼칼하게 끓여내는 경상도식 소고기국이 있답니다.
얼큰하게 끓여내면 밥 한 공기는 기본! 든든한 경상도식 소고기국을 끓여보세요.

소고기국

recipe 046

ingredients 국거리 소고기 200g, 무 1/5개, 대파 1대, 콩나물 1줌
육수 물 4컵
양념 참기름 1큰술, 국간장 2큰술, 다진 마늘 1큰술, 설탕 1꼬집, 맛술 1큰술, 후추 2꼬집, 고춧가루 3큰술, 소금 1/3큰술
마무리 소금 약간

how to make

1. 냄비에 참기름을 두르고 소고기를 넣은 뒤 간장, 마늘, 설탕, 맛술, 후추를 넣고 볶는다.
2. 고기가 다 익으면 무와 고춧가루를 넣고 무에 고춧가루 물이 들 때까지 볶아준다.
3. 무에 고춧가루 물이 들면 물을 붓고 끓인다.
4. 끓어오르면 다진 마늘과 대파를 넣고 뚜껑을 덮어 한소끔 끓인다.
5. 뚜껑을 연 상태로 콩나물 1줌을 넣고 푹 끓인다.
6. 부족한 간은 소금으로 맞춰준다.

tip
콩나물 대신 숙주나물을 넣어도 맛있어요. 육개장 느낌을 내려면 삶은 고사리나 토란대를 2번 단계에 넣고 같이 볶아주세요.

chapter 02 후다닥 끓이는 찌개

보들보들 순두부에 칼칼한 국물이 더해진 순두부찌개에요.
바지락, 새우 등의 해물 베이스로도 만들 수 있지만
간단하게 돼지고기만으로도 충분히 맛있게 끓여낼 수 있답니다.

순두부찌개

20분 — recipe 047

ingredients 순두부 1봉, 다진 돼지고기 150g(약 2/3컵), 애호박 1/2개, 양파 1/2개, 대파 1대, 고추 1개
육수 멸치 육수 3컵
돼지고기 밑간 국간장 1큰술
양념장 국간장 1+1/2큰술, 액젓 1+1/2큰술, 고춧가루 3큰술, 다진 마늘 1큰술, 식용유 3큰술, 고춧가루 1큰술
마무리 소금 약간, 후추 약간

how to make

1. 분량의 양념장 재료를 미리 섞어 준비한다.
2. 냄비에 식용유를 두르고 대파를 볶다가 고춧가루를 넣고 볶아 고추기름을 내준다 (약불).
3. 2에 다진 돼지고기와 국간장을 넣고 충분히 볶는다.
4. 3에 먹기 좋게 썬 양파, 애호박, 1의 양념장을 넣고 볶는다.
5. 4에 육수를 붓고 끓인다.
6. 끓으면 순두부를 넣고 고추를 넣는다.
7. 부족한 간은 소금으로 맞추고 후추를 뿌려 마무리한다.

tip
해물을 베이스로 만들 때에도 동일한 과정으로 만들면 됩니다. 해물, 돼지고기 모두 없다면 스팸을 잘게 으깨서 넣어도 좋아요!

사계절 끓여먹을 수 있지만 겨울에 특히 추천하는 국이에요.
시원하면서도 칼칼한 국물이 매력적인 오징엇국!
고춧가루 빼고 맑게 끓이면 아이들 국으로도 좋답니다.

오징엇국

recipe 048

ingredients 오징어 1~2마리, 무 1/4개, 대파 1대
육수 멸치 육수 6컵
양념 국간장 2큰술, 액젓 1+1/2큰술, 다진 마늘 1큰술, 고춧가루 1큰술
마무리 소금 약간

how to make
1. 오징어는 깨끗이 씻은 뒤 먹기 좋게 자른다.
2. 무는 납작하게 썰고, 대파는 송송 썰어 준비한다.
3. 냄비에 무를 넣고 국간장 2큰술을 넣은 뒤 약불에서 살짝 볶는다.
4. 무에 간장색이 배어들면 멸치 육수를 붓고 끓인다.
5. 무가 어느 정도 익으면 오징어를 넣고 나머지 양념을 넣는다.
6. 중간중간 거품을 걷어내고 2~3분 더 끓인 뒤 대파를 넣는다.
7. 부족한 간은 소금으로 맞춘다.

tip
오징어 자체가 육수 베이스가 될 수 있기 때문에 육수가 없다면 맹물을 넣고 끓여도 충분히 맛을 낼 수 있답니다.

맛있는 재료는 다 모여라!
맛이 없을래야 없을 수가 없는 비법 부대찌개는
간단한 양념장만 있으면 언제든 집에서도 푸짐하게 즐길 수 있어요.

부대찌개

30분 recipe 049

ingredients 스팸 1통, 비엔나 소시지 1공기, 어묵 1장, 두부 1/2모, 양파 1/2개, 대파 1/2대, 익은 김치 2큰술, 다진 돼지고기 100g(약 1/2컵), 베이크드 빈 2큰술, 떡 1줌
육수 멸치 육수 또는 시판 사골 육수 1L
양념장 고춧가루 3큰술, 간장 1+1/2큰술, 액젓 1+1/2큰술, 설탕 1/2큰술, 다진 마늘 1큰술, 후추 2꼬집
마무리 소금 약간, 슬라이스 치즈 1~2장

how to make
1 분량의 양념장 재료를 섞어 준비한다.
2 모든 재료는 먹기 좋게 썰어 준비한다.
3 냄비에 재료를 돌려 담고 김치, 다진 돼지고기, 베이크드 빈을 올려준다.
4 양념장과 육수를 붓고 끓인다.
5 부족한 간은 소금으로 맞추고 마지막에 치즈를 올려 마무리한다.

tip
라면사리 필수! 아시죠? 재료는 냉장고 사정에 맞춰 몇 가지만 넣어주어도 좋아요!

겨울철 꼭 끓여 먹어야 할, 시원한 맛이 일품인 굴국이에요.
굴 특유의 향을 좋아하지 않는다면 미역을 조금 더 많이 넣어보세요.
미역과 굴의 향이 어우러져 바다향 가득, 맛있어요.

굴국

recipe 050

30분

ingredients 손질한 굴 1공기, 불린 미역 1줌, 무 1/4개, 대파 1대, 두부 1/2모
육수 멸치 육수 1.5L
양념 국간장 1큰술, 다진 마늘 1/2큰술
마무리 소금 약간, 후추 약간, 청홍고추 각 1개

how to make

1. 굴은 소금물에 살살 흔들어 씻은 뒤 체에 밭쳐 준비한다.
2. 무는 납작하게 썰고 대파, 청홍고추, 두부는 먹기 좋게 썬다.
3. 멸치 육수를 냄비에 담고 무, 국간장, 다진 마늘을 넣고 끓인다.
4. 무가 어느 정도 익으면 미역과 대파, 두부를 넣는다.
5. 끓어오르면 굴을 넣고 부족한 간은 소금, 후추로 맞춘다.
6. 청홍고추를 넣어 마무리한다.

tip
굴은 체온이 최대한 닿지 않아야 신선도를 높여줄 수 있어요. 빠르게 씻어주세요.

051
070

○ 잡채 ○ 소갈비찜 ○ 저수분수육 ○ 매운등갈비찜 ○ 오리주물럭 ○ 밀푀유나베 ○ 닭볶음탕
○ 해파리냉채 ○ 찹스테이크 ○ 탕수육 ○ 소불고기 ○ 낙지볶음 ○ 고추잡채 ○ 누룽지닭백숙
○ LA갈비구이 ○ 전복버터구이 ○ 목살김치찜 ○ 갈릭버터새우구이 ○ 갑오징어미나리무침 ○
토마토홍합스튜

chapter
03

하나만으로
충분한
일품 요리

햇살한스푼의 후다닥 집밥

언제 먹어도 맛있는 잡채!
생일상이나 손님 초대 상 등 특별한 차림에 빠질 수 없는 메뉴죠.
잡채 양념은 3가지만 기억하면 된답니다. 간장, 설탕, 참기름!

잡채

50분
recipe 051

ingredients 당면 1줌(약 150g), 잡채용 돼지고기 150g, 당근 1/2개, 양파 1개, 시금치 2공기, 표고버섯 2~3개, 파프리카 1/2개(선택사항), 소금 3꼬집
돼지고기 밑간 간장 2큰술, 설탕 1/2큰술, 참기름 1큰술, 다진 마늘 1/2큰술, 후추 2꼬집
시금치 양념 소금 1/3큰술, 참기름 1큰술, 통깨 1큰술
당면 양념 간장 5큰술, 설탕 1큰술, 참기름 2큰술
마무리 참기름 1큰술, 통깨 1큰술, 간장 약간

how to make
1. 잡채용 돼지고기는 밑간하고 양파, 당근, 버섯, 파프리카는 채 썰어 준비한다.
2. 팬에 기름을 두르고 양파, 당근, 버섯, 파프리카 순으로 소금 1꼬집씩 넣고 볶아준다.
3. 시금치는 굵은 소금 1/2큰술을 넣은 끓는 물에 30초 정도 데친 뒤 찬물에 헹궈 물기를 짜고 양념에 무쳐 준비한다.
4. 팬에 밑간한 돼지고기를 볶은 뒤 따로 덜어둔다.
5. 당면은 끓는 물에 간장 2큰술과 식용유 1큰술을 넣은 뒤 9~10분 삶는다.
6. 잘 익은 당면은 찬물에 씻어 헹군 뒤 물기를 빼 준비한다.
7. 기름 두른 팬에 8의 당면을 넣고 당면 양념을 넣고 볶는다.
8. 당면과 모든 재료를 큰 볼에 넣고 잘 섞는다.
9. 부족한 간은 간장으로 맞추고 마지막에 참기름과 통깨를 1큰술씩 넣어 마무리한다.

tip
채소를 따로 볶는 이유는 각 재료의 색감을 충분히 살려주기 위해서입니다. 중요한 상차림이 아니라면 한 번에 볶아도 상관없어요. 불린 목이버섯을 함께 넣어주면 훨씬 더 근사한 잡채를 만들 수 있어요!

잡채와 더불어 잔치에 빠질 수 없는 일품 요리 갈비찜이에요!
초벌로 삶아 깨끗하게 씻어주는 게
잡내를 없애는 팁이니 꼭 기억해두세요.

소갈비찜

1시간 — recipe 052

ingredients 소갈비 3kg, 배, 양파, 사과 각 1/2개씩, 마늘 1줌, 생강 1/3쪽, 무 1/2개, 당근 1개, 표고버섯 4~5개, 밤 10개, 대추 6알, 은행 20개
소갈비 초벌 자투리 양파 1/2개, 대파 1대, 후추 3꼬집, 소주 소주잔으로 1컵
양념 간장 1컵(200㎖), 맛술 1/2컵, 설탕 1/2컵 또는 꿀 1/3컵, 참기름 3큰술, 물 1컵

how to make

1 갈비는 찬물에 2~3시간 담가 핏물을 빼준다(수시로 물을 갈아준다).
2 핏물 뺀 갈비는 대파, 양파 자투리와 소주 1컵(소주잔), 물 3컵, 후추 3꼬집을 넣고 20분 정도 삶은 뒤 흐르는 물에 깨끗이 씻어준다.
3 배, 양파, 사과, 마늘, 생강은 믹서기에 갈아 준비한다.
4 갈비에 3과 분량의 양념을 넣고 10분 정도 끓인다.
5 모서리를 다듬은 무, 당근과 밤, 버섯, 대추를 넣고 10분 정도 조려준다.
6 은행을 넣고 센 불에서 바짝 조려 마무리한다.

tip
갈비를 전날 밤에 찬물에 담가두면 핏물을 충분히 제거할 수 있어요. 핏물을 충분히 제거해야 잡내 없이 깔끔한 갈비찜을 만들 수 있답니다. 양념에 고춧가루를 넣고 만들면 매운 갈비찜! 매운 갈비찜도 별미이니 청양고추 팍팍 넣고 맛있게 만들어요!

chapter 03 하나만으로 충분한 일품 요리

물을 최소한으로 사용해 만드는
저수분 레시피예요.
잡내 없이 쫀득하면서도 육즙 가득 머금은 수육을 만들어보세요!

저수분수육

recipe 053

1시간

ingredients 통삼겹살 1kg, 양파 2개, 대파 2대, 마늘 10알, 생강 1/3쪽, 물 1/2컵 (100ml)
양념 된장 1큰술, 굵은 소금 1/2큰술, 인스턴트커피 1/4큰술, 월계수잎 2~3장(선택)

how to make
1 달궈진 냄비에 기름을 두른 뒤 통삼겹을 넣고 사방으로 겉면을 노릇하게 구워 따로 덜어둔다.
2 큼직하게 썬 양파, 대파와 통마늘, 생강을 냄비에 깔고 1의 구운 삼겹살에 양념을 고루 바른 뒤 분량의 물과 함께 넣고 뚜껑을 덮어 센 불에서 끓인다.
3 끓기 시작하면 중약불로 줄이고 40분간 삶는다.
4 불을 끄고 10분간 뜸을 들인다.
5 먹기 좋게 썰어 김치 등을 곁들여 담아 낸다.

tip
무쇠냄비를 이용하면 전체적으로 열 전달이 고루 되어 더 맛있는 수육을 만들 수 있어요. 먼저 겉면을 굽는 과정을 통해 육즙을 꽉 잡아줄 수 있답니다.

매콤한 게 당기는 날!
푸짐하고 든든하게 등갈비찜을 만들어보세요.
잡내 없이 깔끔하게! 사먹지 말고 만들어 먹어요.

매운등갈비찜

1시간 — recipe 054

ingredients 돼지등갈비 1kg, 양파 1/2개, 대파 1대, 떡볶이 떡 1공기, 물 1/2컵
초벌 된장 1큰술, 대파 1대, 월계수 잎 2~3장, 마늘 10알, 소주 소주잔으로 1컵
양념 간장 6큰술, 고춧가루 6큰술, 고추장 1+1/2큰술, 다진 마늘 2큰술, 맛술 6큰술, 설탕 2큰술, 후추 2꼬집

how to make

1. 등갈비는 한 마디씩 잘라 깨끗하게 씻어 준비한다.
2. 끓는 물에 된장, 월계수 잎, 대파, 마늘, 소주 1잔을 넣고 등갈비를 넣어 5분 정도 삶는다.
3. 삶은 등갈비는 흐르는 물에 깨끗하게 씻어 준비한다.
4. 초벌로 삶은 등갈비에 분량의 양념장과 물 1/2컵을 넣고 끓인다.
5. 5분 정도 끓인 뒤 양파, 대파를 넣고 뚜껑을 덮어 은근하게 조린다.
6. 국물이 자작해지면 떡을 넣어 마무리한다.

tip
등갈비 상태가 아주 신선하다면 따로 핏물을 빼지 않아도 되지만 상태가 그리 좋지 않다면 1~2시간 핏물을 뺀 뒤에 삶아야 잡내가 나지 않아요.

밖에서 사 먹는 게 더 익숙한 오리주물럭!
집에서 만들어 먹으면 저렴한 가격에 푸짐하게 즐길 수 있답니다.
간단한 양념만으로도 맛이 보장되는 레시피예요.

오리주물럭

1시간 — recipe 055

ingredients	오리고기 정육 500g, 감자 큰 것 1개, 양파 큰 것 1개, 팽이버섯 1봉, 부추 1줌
	양념 고춧가루 3큰술, 고추장 2큰술, 간장 5큰술, 맛술 5큰술, 매실액 2큰술, 꿀 2큰술, 다진 마늘 1큰술
	마무리 김가루 1줌, 통깨 1큰술, 참기름 1큰술

how to make

1. 오리고기는 분량의 양념을 넣고 1시간 이상 재워둔다.
2. 달궈진 팬에 재워둔 오리고기를 올리고 감자, 양파와 함께 볶는다.
3. 고기와 감자가 완전히 익으면 마지막에 부추와 팽이버섯을 넣고 잘 섞은 뒤 먹는다.
4. 고기가 10% 정도 남았을 때 밥을 볶아준다.
5. 김 가루, 참기름, 통깨 등을 뿌려 마무리한다.

tip
기름이 빠지는 불판을 이용하면 더욱 편하게 조리가 가능해요. 채소는 냉장고 사정에 맞춰 다양하게 준비하세요!

일단 비주얼이 50점 이상 먹고 들어가는 밀푀유나베!
손님 초대 음식이나 생일상 메뉴로도 좋답니다.
멸치 육수만 준비되어 있다면 쉽고 빠르게 요리할 수 있어요.

밀푀유나베

recipe 056

30분

ingredients	배추 15장, 샤브샤브용 소고기 300g, 깻잎 30장, 숙주 2줌, 청경채 1포기, 팽이버섯 1봉, 표고버섯 1~2개
	국물 멸치 육수 3컵, 국간장 1큰술, 소금 1/2큰술
	간장 소스 간장 3큰술, 물 2큰술, 식초 2큰술, 설탕 1큰술, 겨자 1/2큰술

how to make

1. 배추-깻잎-소고기 순으로 5~6번 쌓는다.
2. 냄비 높이에 맞춰 3~4등분으로 자른다.
3. 냄비 바닥에 숙주를 깔고 배추-깻잎-소고기를 돌려 담은 뒤 가운데 청경채, 버섯을 올린다.
4. 국간장과 소금으로 간을 한 멸치 육수를 부어 끓인다.
5. 간장 소스 재료를 섞어 만든 소스에 찍어 먹는다.

tip
남은 육수에 칼국수를 끓여 먹어도 맛있어요! 마지막에는 밥 넣고 계란 풀어 죽까지 끓여 먹어요.

저의 최애 메뉴이자 자취 시절부터 주구장창 만들어 먹던 닭볶음탕입니다.
생각보다 어렵지 않게 만들 수 있고,
매콤하게 만들면 밥도둑이 따로 없죠!

닭볶음탕

recipe 057

ingredients 절단 닭 1마리(800g~1kg), 감자 큰 것 2개, 양파 큰 것 1개, 당근 작은 것 1개, 대파 2대
양념 간장 5큰술, 액젓 2큰술, 고춧가루 4큰술, 다진 마늘 2큰술, 고추장 1큰술, 설탕 1+1/2큰술, 맛술 2큰술, 후추 1꼬집
마무리 간장 약간

how to make
1. 닭은 겉면만 익을 정도로 초벌로 삶은 뒤 흐르는 물에 깨끗하게 씻어 준비한다.
2. 채소는 모두 큼직하게 썰어준다.
3. 1에 물 2컵을 붓고 분량의 양념을 넣고 끓인다(강불 5분).
4. 감자, 당근을 넣고 조린다(중불 5분).
5. 양파, 대파를 넣고 조린다(약불 10분).
6. 부족한 간은 간장으로 조절한다.

tip
당면사리나 라면사리를 넣어 먹으면 더 맛있는 건 진리! 국물이 어느 정도 넉넉할 때 사리를 넣어서 익혀주세요!

톡 쏘는 겨자 소스에 꼬들한 해파리의 식감이
매력적인 해파리냉채에요.
색색깔 채소들을 예쁘게 담아 중요한 상차림에 올려 보세요!

해파리냉채

50분 — recipe 058

ingredients 염장 해파리 1팩, 오이 1개, 양파 1개, 파프리카 빨강, 노랑 각 1개씩, 피망 1개, 무순 1/2줌, 맛살 4개, 칵테일새우 10~15마리
밑간 식초 2큰술, 설탕 1큰술, 소금 1/2큰술, 매실액 2큰술(생략 가능)
겨자 소스 간장 4큰술, 연겨자 2큰술, 식초 4큰술, 레몬즙 2큰술, 올리고당 2큰술, 다진 마늘 1큰술

how to make

1. 해파리는 물에 여러 번 헹군 뒤 20분 정도 물에 담가 짠맛을 빼준다.
2. 식초 1큰술을 넣고 물을 끓이다가 기포가 올라오기 시작할 때 건져낸 해파리를 넣어 전체적으로 섞어가며 데친 뒤(1분) 찬물에 여러 번 헹군다.
3. 체에 받쳐 물기를 제거한 해파리는 분량의 양념에 버무려 냉장고에 넣어둔다.
4. 오이는 돌려 깎아 채 썰고, 나머지 채소와 맛살도 모두 5~6cm 길이로 채 썰어 준비한다.
5. 접시에 채소와 맛살을 보기 좋게 돌려 담은 뒤 초절임한 해파리를 가운데 담는다.
6. 분량의 겨자 소스를 섞어 준비한 뒤 곁들여 낸다.

tip
해파리는 너무 오래 데치면 식감이 질겨지고 맛이 없어요. 끓기 시작할 때 살짝 데치고 흐르는 물에 여러 번 헹궈 특유의 꼬릿한 냄새를 제거해주세요. 겨자 소스는 기억해두었다가 데친 콩나물에 맛살, 오이 등을 넣고 무쳐 먹어도 아주 맛있어요!

chapter 03 하나만으로 충분한 일품 요리

근사한 요리가 먹고 싶을 때!
소고기와 채소로 후다닥 만들어 내는 원팬 메뉴 찹스테이크예요.
팬 그대로 식탁에 올려 따뜻하게 즐기세요.

찹스테이크

40분 — recipe 059

ingredients 소고기 등심 400g, 마늘 10알, 파프리카 빨강, 노랑 각 1/2개씩, 피망 1개, 양파 1/2개, 양송이버섯 3개, 소금 1/2큰술, 후추 약간, 올리브유 1큰술, 버터 1큰술
소스 굴소스 2큰술, 돈까스 소스 또는 스테이크 소스 3큰술, 케첩 3큰술, 올리고당 1큰술, 다진 마늘 1/2큰술, 우스터 소스 1큰술(없으면 스테이크 소스 1큰술로 대체)
마무리 통깨 1큰술, 파슬리 가루 2꼬집

how to make
1 고기는 먹기 좋은 크기로 썰어준 뒤 소금, 후추, 올리브유로 밑간한다.
2 채소는 모두 먹기 좋은 크기로 썰어준다.
3 소스 재료는 미리 섞어 준비한다.
4 달궈진 팬에 버터를 녹이고 1과 마늘을 구워준다.
5 고기 겉면이 익으면 채소를 넣고 한 번 볶은 뒤 소스를 붓고 잘 섞어준다.
6 통깨나 파슬리 가루 등을 뿌려 마무리한다.

tip 맥주나 와인과 잘 어울리는 메뉴에요. 고기는 구이용 부위라면 어떤 부위도 상관 없어요!

집에서 만들어 먹는 탕수육의 장점은?
가성비가 좋다는 거죠!
저렴한 가격에 푸짐하게 즐기세요.

탕수육

1시간 — recipe 060

ingredients 돼지고기 등심 600g, 양파 1/2개, 오이 1/2개, 당근 1/3개, 적양배추 약간, 연근 1/2개
반죽 전분 가루 2컵, 물 3컵, 식용유 5큰술
고기 밑간 소금 1/2큰술, 후추 약간, 맛술 2큰술
소스 물 1컵, 간장 5큰술, 식초 5큰술, 설탕 3큰술, 전분 물 2큰술(전분 1 : 물 2)

how to make

1. 고기는 한 입 크기로 썰어 소금, 후추, 맛술로 밑간한다.
2. 전분 가루는 물에 10분 이상 불린 뒤 윗물을 따라내 준비한다.
3. 1에 2를 넣고 식용유를 넣어 반죽한다.
4. 예열된 기름에 고기를 튀긴다.
5. 튀긴 고기는 기름 온도를 올려 한 번 더 튀겨준다.
6. 전분 물을 제외한 분량의 소스 재료를 웍에 담아 끓인다.
7. 끓어오르면 먹기 좋게 썬 채소와 과일을 넣고 전분 물을 넣어 농도를 맞춘다.
8. 소스와 고기를 담아 낸다.

tip
옛날 탕수육 느낌을 내고 싶다면 소스에 케첩을 2큰술 넣어보세요! 기름 온도는 반죽을 떨어뜨려 보았을 때 반죽이 바로 떠오르면 적당해요.

아이들이 제일 좋아하는 불고기예요.
달콤짭잘한 양념이 매력적이죠!
밥 위에 올려 덮밥으로 먹어도 너무 맛있어요.

소불고기

30분 — recipe 061

ingredients　불고기감 소고기 500g, 양파 1/2개, 당근 1/2개, 대파 1대, 팽이버섯 1줌, 홍고추 1개(선택사항)
1차 밑간 배 1/3개, 양파 1/2개, 꿀 2+1/2큰술
2차 양념 간장 4큰술, 액젓 1큰술, 맛술 1큰술, 다진 마늘 2큰술, 후추 3꼬집, 참기름 2큰술
마무리 통깨 1큰술

how to make

1. 배와 양파는 갈아서 준비한다.
2. 불고기감 고기에 1과 꿀을 넣고 잘 섞어 10분간 숙성시킨다.
3. 2에 분량의 양념을 모두 넣고 잘 버무린다.
4. 3을 팬에 담고 채 썬 양파, 당근을 넣고 볶는다(강불~중불).
5. 고기가 거의 익으면 대파를 넣는다.
6. 마지막에 팽이버섯과 홍고추를 넣고 섞는다.
7. 통깨를 뿌려 마무리한다.

tip
불고기감은 최대한 얇은 걸로 선택해주세요. 훨씬 더 부드러운 식감으로 즐길 수 있어요. 생고기를 사용하면 키친타월로 핏물을 반드시 제거한 뒤 사용해주세요.

매콤하게 즐기는 낙지볶음이에요.
소면은 필수!
마지막 양념까지 싹싹 비벼 먹어요

낙지볶음

recipe 062

40분

ingredients 냉동 낙지 큰 것 4마리, 양배추 1/6쪽, 양파 1/2개, 대파 1대, 당근 1/3개, 애호박 1/3개, 청홍고추(매운맛을 좋아한다면 청양고추) 각 1개씩, 낙지 세척용 밀가루 2큰술, 고추기름용 고춧가루 1큰술
양념장 간장 3큰술, 고춧가루 수북하게 4큰술, 고추장 2큰술, 설탕 1큰술, 다진 마늘 1큰술, 맛술 2큰술, 후추 2꼬집
전분 물 전분 가루 1큰술, 물 2큰술
마무리 참기름 1큰술, 미나리 1줌(생략 가능)

how to make

1. 낙지는 내장을 제거한 뒤 밀가루를 넣고 바락바락 주물러 깨끗하게 씻어준다.
2. 분량의 양념장은 미리 섞어 숙성시킨다.
3. 채소와 낙지는 모두 먹기 좋게 썰어 준비한다.
4. 넉넉히 두른 기름에 고춧가루 1큰술을 넣고 볶아 고추기름을 만든다(시판 고추기름 사용 가능).
5. 대파를 넣고 볶아 향을 내고 양배추, 양파, 당근을 넣고 볶는다.
6. 낙지와 양념장을 넣고 볶는다.
7. 애호박, 고추를 넣고 볶다가 전분 물을 넣어 양념 농도를 되직하게 맞춘다.
8. 미나리, 참기름 1큰술을 넣고 마무리한다.

tip
소면을 삶을 때는, 끓는 물에 소면을 넣고 끓어오르면 찬물 1/2컵, 다시 끓어오르면 찬물 1/2컵, 마지막으로 끓어오르면 찬물 1/2컵(3회 실시) 넣은 뒤 다시 끓어오를 때 찬물에 헹구면 됩니다.

고추잡채는 중국집에서 시켜먹는 음식이다?
아니요, 집에서 충분히 쉽게 만들 수 있는 요리랍니다.
집에서 푸짐하게 만들어 드세요!

고추잡채

1시간 · recipe 063

ingredients 잡채용 고기 400g (돼지고기, 소고기 둘 중 한 가지만 사용해도 됩니다), 청피망 2개, 홍피망 1개, 노랑 파프리카 1개, 양파 1/2개, 대파 1/2대, 표고버섯 2~3개
밑간 간장 3큰술, 설탕 1큰술, 맛술 1큰술, 다진 마늘 1/2큰술, 후추 2꼬집
반죽 계란 흰자 1개, 전분 가루 2큰술
양념 고추기름 2~3큰술, 굴소스 1큰술

how to make
1 고기는 분량의 양념으로 밑간한다.
2 대파는 송송, 나머지 채소는 모두 먹기 좋게 채 썰어 준비한다.
3 1에 계란 흰자와 전분 가루를 넣고 섞는다.
4 적당히 달궈진 팬에 기름을 넉넉히 붓고 3을 튀기듯이 익혀낸 뒤 체에 밭쳐 기름을 뺀다.
5 팬에 기름을 두르고 파를 볶아 파기름을 낸 뒤, 양파와 표고버섯, 고추기름을 넣고 볶는다.
6 5에 피망, 파프리카, 굴소스를 넣고 볶는다
7 6에 익혀둔 고기와 고추기름 1큰술을 넣고 센 불에서 재빠르게 볶아 마무리한다.

tip
고기는 소고기, 돼지고기를 반반 섞어서 사용하면 훨씬 더 맛있어요. 고기를 따로 튀겨내는 과정을 거치면 더 부드럽고 고소한 고추잡채를 만들 수 있답니다.

구수한 누룽지의 맛이 더해진
근사한 닭백숙이에요.
전복까지 넣어 보양식으로 즐기세요!

누룽지닭백숙

recipe 064

1시간

ingredients 삼계닭 2마리, 전복 5~6마리, 불린 찹쌀 2공기, 한약재(생략 가능), 대추, 마늘 각 10~20개씩
양념 다진 마늘 1/2큰술, 굵은 소금 1/2큰술, 물 1L

how to make
1. 찹쌀은 미리 불려둔다.
2. 압력솥에 불린 찹쌀, 삼계닭, 전복, 부재료 순으로 담는다.
3. 다진 마늘과 굵은 소금을 넣은 뒤 물 1L를 붓는다.
4. 센 불에서 끓기 시작하면 5분, 중불 5분, 약불 10분, 불 끄고 뜸들이기 10분.
5. 김을 완전히 뺀 뒤 뚜껑을 열고 바닥에 있는 누룽지를 잘 섞어 먹는다.

tip
찹쌀을 가장 바닥에 깔아주어야 노릇한 누룽지가 만들어져요. 곁들여 먹으면 좋은 양념장 조합은 간장 4큰술, 매실액 1큰술, 다진 청양고추 1큰술, 후추 톡톡톡, 통깨 1큰술!

chapter 03 하나만으로 충분한 일품 요리

달콤하면서도 짭조름한 갈비 양념이 쏘옥 배인
LA갈비를 팬에 바짝 구워 먹어요.
양파구이를 곁들여 스테이크처럼 먹어도 좋아요.

LA갈비구이

1시간   recipe 065

ingredients

LA갈비 1.5kg, 대파 2대
양념 간장 150ml, 물 150ml, 설탕 3큰술, 꿀 3큰술, 다진 마늘 2큰술, 참기름 2큰술, 후추 1/3큰술, 배 1/2개, 사과 1/2개, 양파 1/2개
마무리 잣가루 약간

how to make

1. 갈비는 찬물에 2~3시간 담가 핏물을 뺀다.
2. 분량의 양념 재료를 믹서기에 넣고 갈아준다.
3. 완성된 갈비 양념은 체에 한 번 걸러 준비한다.
4. 핏물이 빠진 갈비는 깨끗이 헹군 뒤 체에 밭쳐 물기를 제거한다.
5. 용기에 갈비, 양념, 대파, 갈비, 양념, 대파 순으로 담아 냉장고에서 하루 정도 숙성시킨다.
6. 달궈진 팬에 갈비를 올리고 중불에서 앞뒤로 노릇하게 굽는다.
7. 접시에 담고 잣가루를 뿌려 마무리한다.

tip
양념을 체에 한 번 걸러주면 텁텁한 맛을 제거해 더 깔끔한 갈비를 완성할 수 있어요.

chapter 03 하나만으로 충분한 일품 요리

전복 손질이 조금 어렵긴 하지만,
한 번 요령만 터득하면 죽부터 버터구이까지 쉽게 만들 수 있죠.
고소한 버터에 구워 입에서 사르르 녹는 전복버터구이를 중요한 상차림에 올려보세요!

전복버터구이

recipe 066

40분

ingredients 전복 큰 것 6마리, 편으로 썬 마늘 1줌
양념 버터 1큰술

how to make

1 손질한 전복은 관자 쪽으로 칼집을 넣어준다.
2 팬에 버터 1큰술을 녹인 뒤 마늘을 노릇하게 구워 향을 낸다.
3 칼집을 넣은 전복을 앞뒤로 노릇하게 굽는다.
4 끓는 물에 한 번 삶은 껍질을 접시로 활용해 전복버터구이와 마늘을 담아낸다.

> tip
>
> **전복 손질법**
> 1. 전복은 솔로 깨끗하게 문지른 후 흐르는 물에 씻어 준비한다.
> 2. 숟가락을 이용해 살을 전체적으로 들어 올린 뒤 이빨이 있는 쪽(숟가락이 깊숙이 들어가는 쪽)부터 힘을 주어 살을 분리한다.
> 3. 내장은 가위로 잘라내고 이빨은 칼집을 내어 빼준다.
> 4. 흐르는 물에 깨끗하게 헹궈 요리에 사용한다.

돼지고기와 김치의 조합은 언제나 옳죠!
부드러운 목살과 잘 익은 묵은지의 조합으로
밥도둑 목살김치찜을 만들어보세요.

목살김치찜

40분
recipe 067

ingredients 익은 김치 또는 묵은지 1/2포기(2쪽), 돼지고기 목살 1kg, 대파 2대, 양파 2개, 청홍고추 각 1개씩
돼지고기 밑간 소금 3꼬집, 후추 3꼬집, 맛술 3큰술
양념 된장 1/2큰술, 고춧가루 3큰술, 다진 마늘 1큰술, 설탕 2큰술, 액젓 2큰술, 김치국물 1/2컵, 멸치 육수 2+1/2컵

how to make

1. 목살은 소금, 후추, 맛술로 밑간해둔다.
2. 냄비에 굵직하게 채 썬 양파를 깔아준다.
3. 김치를 양파 위에 올리고 김치 사이사이 밑간한 돼지고기를 넣는다.
4. 분량의 양념을 넣고 김치가 잠길랑 말랑 할 정도로 멸치 육수를 부어준다.
5. 대파를 넣고 센 불에서 5분 끓인다.
6. 중약불로 줄인 뒤 청홍고추를 넣고 15~20분간 푹 졸인다.
7. 김치와 돼지고기는 먹기 좋게 잘라 담아 낸다.

tip
삼겹살을 사용해도 괜찮아요. 돼지기름이 넉넉하게 들어갈수록 고소하고 진한 맛이 업그레이드 되니까요. 담백하게 먹고 싶다면 다릿살도 추천해요!

에어프라이어로 간단하게 만들 수 있는 갈릭버터새우구이에요.
물론 프라이팬에 만들어도 된답니다.
근사한 비주얼로 상차림을 멋지게 꾸며 보세요.

갈릭버터새우구이

40분

recipe 068

ingredients 새우 20마리, 버터 80g(약 2/5컵), 레몬 1/2개, 마늘 10~15알, 파프리카 1/2개, 로즈마리 2줄기
새우 밑간 후추 2꼬집, 와인 또는 맛술 3큰술
마무리 파슬리 가루 2꼬집

how to make
1. 새우는 가위로 수염을 잘라낸 뒤 머리와 꼬리는 남기고 몸통 껍질만 제거한다.
2. 등에 이쑤시개를 넣어 내장을 꺼낸다(등에 칼집을 넣어 제거해도 무방).
3. 손질한 새우는 흐르는 물에 깨끗이 씻은 뒤 체에 밭쳐 물기를 제거한다.
4. 파프리카는 한입 크기로 썰어 준비하고 레몬과 마늘은 슬라이스한다.
5. 버터는 조각내서 준비한다.
6. 새우는 후추와 와인(또는 맛술)으로 밑간한다.
7. 에어프라이어 바스켓에 밑간한 새우를 담고 버터, 마늘, 파프리카, 레몬을 올리고 160~170도에 20분간 돌린다. 혹은 팬에 버터를 녹인 뒤 편으로 썬 마늘과 밑간한 새우를 볶다가 파프리카, 레몬을 넣어 고루 섞는다.
8. 접시에 먹기 좋게 담은 뒤 파슬리 가루를 뿌려 마무리한다.

tip
새우 머리까지 바삭하게 구워내면 고소하니 맛있어요. 머리를 먹지 않을 거라면 떼어내고 만들어도 좋아요.

미나리와 갑오징어가 제철인 봄철 꼭 만들어 먹어야 할 메뉴!
일반 오징어와는 비교할 수 없는 식감이지요.
쫄깃 통통 맛있는 갑오징어와 향긋한 미나리로 새콤달콤 입맛 돋우는 초무침을 만들어보세요.

갑오징어미나리무침

recipe 069

50분

ingredients 미나리 1줌, 갑오징어 1마리, 양파 1/3개, 당근 1/3개
초무침 양념 고추장 1+1/2큰술, 고춧가루 1+1/2큰술, 식초 3큰술, 설탕 1큰술, 매실액 2큰술, 다진 마늘 1큰술
마무리 참기름 1큰술, 통깨 1큰술

how to make

1. 미나리는 식초와 10원짜리 동전을 넣은 물에 10분 정도 담가두었다가 깨끗하게 씻어 준비한다.
2. 갑오징어는 뼈를 빼고 내장과 눈, 입, 껍질을 제거한 뒤 깨끗하게 씻는다.
3. 맛술 2큰술을 넣은 물에 갑오징어를 1분 정도 데친 뒤, 얼음물에 담근다.
4. 미나리, 양파, 당근, 갑오징어는 먹기 좋은 크기로 썬다.
5. 볼에 채소와 오징어, 양념장을 넣고 잘 버무린다.
6. 참기름과 통깨를 넣어 마무리한다.

tip
초무침 양념은 일반 오징어무침이나 골뱅이무침 등에도 활용할 수 있어요. 간단한 양념으로 맛있는 초무침을 만들어보세요!

크리스마스나 연말 파티 메뉴로 잘 어울리는 홍합스튜예요.
홍합을 근사하게 즐길 수 있는 요리이니
파티 테이블에 꼭 한 번 올려 보세요!

토마토홍합스튜

recipe 070

30분

ingredients 홍합 3공기, 양파 1/2개, 마늘 5~6개, 방울토마토 10알
소스 화이트와인 1국자(없으면 맛술이나 소주로 대체 가능), 홀토마토 1캔(또는 시판 토마토 소스 1/2통)
마무리 파슬리 2줄기 또는 파슬리 가루 3꼬집, 후추 2꼬집

how to make

1. 홍합은 수염을 제거하고 깨끗하게 씻어 준비한다.
2. 팬에 기름을 두르고 편으로 썬 마늘과 다진 양파를 볶는다.
3. 홍합과 화이트와인을 넣어 볶는다.
4. 홀토마토와 방울토마토를 넣고 잘 섞는다.
5. 뚜껑을 덮고 1~2분 끓인다.
6. 홍합이 모두 입을 벌리면 완성!
7. 후추와 파슬리를 올려 마무리한다.

tip
토마토 소스 대신 크림 소스 베이스로 만들어도 맛있어요. 크림 소스는 생크림 1/2컵, 우유 1컵 정도 넣고 소금, 후추로 간하면 됩니다.

○꼬막비빔밥 ○날치알밥 ○짬뽕라면 ○스테이크덮밥 ○제육덮밥 ○아보카도명란덮밥 ○곤약콩국수 ○곤드레밥 ○무수분카레 ○바지락칼국수

chapter
04

**빠르게 만들어
든든하게 먹는
한 그릇 요리**

햇살한스푼의 후다닥 집밥

제철인 겨울에 꼭 먹어야 하는 꼬막.
맛있는 꼬막무침으로 비빔밥을 만들었어요!
한 그릇 요리로 딱이랍니다.

꼬막비빔밥

30분　　　　　　　　　　　　　　　　　　　　　　　　recipe 071

ingredients
1~2인분
꼬막 1kg, 굵은 소금 1큰술, 밥 1공기
양념장 간장 5큰술, 고춧가루 1큰술, 물엿 1큰술, 다진 마늘 1/2큰술, 통깨 1큰술, 참기름 1큰술
마무리 쪽파 1줌, 부추 약간, 청홍고추 각 1개

how to make

1. 꼬막은 굵은 소금 1큰술을 넣고 바락바락 치대 씻은 뒤 물을 붓고 호일을 덮어 30분간 해감한다.
2. 해감한 꼬막은 깨끗이 씻은 뒤 끓는 물에 넣고 삶는다.
3. 살만 분리한 꼬막에 양념장과 채소를 넣은 뒤 무친다.
4. 접시에 따로 2/3는 덜어내고 나머지에 밥을 넣고 비빈다.
5. 비빈 밥과 따로 덜어둔 꼬막을 한 접시에 담은 뒤 송송 썬 쪽파와 부추를 올려 마무리한다.

tip
한 그릇 요리지만 근사한 반주 메뉴이기도 합니다. 개인적으로 막걸리를 추천해요.

한 통 구입하면 두고두고 먹는 날치알!
오독오독 씹히는 다른 재료들과 함께 날치알밥을 만들어요.
톡톡 터지는 매력에 중독될 거예요.

날치알밥

recipe 072

30분

ingredients
1인분

밥 1공기, 청주 1/2컵, 맛살 2줄, 다진 단무지 3큰술, 깻잎 5장, 김가루 1큰술, 잘게 썬 신김치 1~2큰술
양념 참기름 2큰술
마무리 날치알 1/2공기, 통깨 1큰술, 무순 1/2줌

how to make

1. 부재료는 모두 잘게 썰어둔다.
2. 날치알은 청주로 한 번 헹군다.
3. 냄비나 뚝배기에 참기름을 바르고 밥을 넓게 편 뒤 약불에 올린다.
4. 부재료를 돌려가며 담아준다.
5. 마지막에 날치알을 올리고 통깨, 무순으로 마무리한다.

tip
뚝배기나 무쇠냄비에 돌솥비빔밥처럼 만들어 먹으면 더 고소하니 맛있어요.

chapter 04 빠르게 만들어 든든하게 먹는 한 그릇 요리

차례 지내고 난 뒤 남은 문어다리를 이용해
만들어 본 짬뽕라면이에요.
문어 대신 오징어를 사용해도 되니 얼큰하게 한 그릇 만들어보세요!

짬뽕라면

recipe 073

20분

ingredients
1인분

라면 1개, 문어다리 2~3개, 새우 3~4마리, 바지락 5개, 양파 1/2개, 고추 1~2개, 양배추 1줌, 마늘 3알, 물 600ml
고추기름 식용유 4큰술, 고춧가루 2큰술
양념 국간장 1큰술, 라면 스프 1개
마무리 고춧가루 약간, 대파 1대

how to make

1. 식용유 4큰술에 고춧가루 2큰술을 넣고 약불에서 볶는다.
2. 고추기름이 나오면 송송 썬 대파와 마늘을 넣고 볶는다.
3. 물 600ml를 붓고 간장 1큰술과 채 썬 양배추, 양파, 고추를 넣고 끓인다.
4. 끓기 시작할 때 바지락을 넣고 끓으면 나머지 해물도 넣는다.
5. 라면과 스프를 넣고 끓인다.
6. 고춧가루, 대파 등을 곁들인다.

tip
해물은 계절에 따라 오징어나 홍합 등으로 대체해도 좋아요. 채소도 냉장고에 남아 있는 자투리 채소를 활용하세요.

한 그릇 든든하게 먹을 수 있는 스테이크덮밥이에요.
인기 있는 맛집 스타일의 스테이크덮밥을 집에서도 뚝딱!
저렴한 가격에 푸짐하게 즐기세요.

스테이크덮밥

recipe 074

30분

ingredients
1인분

스테이크용 소고기(등심 또는 안심) 300g, 양파 1/2개, 숙주 1줌, 밥 1공기
소고기 밑간 소금 1/2큰술, 후추 1/3큰술, 올리브유 3큰술, 로즈마리 2줄기
소스 간장 8큰술, 물 8큰술, 맛술 4큰술, 설탕 1큰술, 양파 1/2개, 대파 1대, 생강 1조각, 다시마 1장
마무리 쪽파와 와사비 약간

how to make

1. 스테이크용 소고기는 소금, 후추, 올리브유, 로즈마리로 밑간한다.
2. 분량의 소스 재료를 냄비에 넣고 한소끔 끓인다.
3. 달군 팬에 기름을 두르고 소고기를 앞뒤로 1분 30초씩 굽는다(미디움 기준).
4. 구운 고기는 은박지로 싸서 5분간 레스팅시킨다.
5. 완성된 소스에 숙주를 졸여 밥 위에 올린다.
6. 스테이크를 먹기 좋게 썰어 5 위에 올려준다.
7. 곱게 채 썬 양파는 찬물에 담가 매운맛을 빼고 물기를 완전히 제거한 뒤 덮밥 위에 올린다.
8. 쪽파를 뿌리고 와사비를 곁들여 낸다.

tip
스테이크용 고기의 두께에 따라 굽는 시간을 조절해주세요. 스테이크를 구운 후 레스팅하면 육즙이 고루 퍼져서 부드러워져요.

화끈하게 불맛 나는 제육덮밥 레시피예요.
제가 제일 좋아하는 메뉴 중 하나!
스트레스 팍팍 풀리도록 매콤하게 만들어 먹어요.

제육덮밥

recipe 075

30분

ingredients
1인분

돼지고기 불고기감 200g, 양파 1/2개, 당근 1/4개, 양배추 1줌, 고추 1~2개, 대파 1대, 고춧가루 1큰술, 식용유 3큰술, 밥 1공기
양념 간장 2큰술, 고추장 1+1/2큰술, 맛술 1큰술, 설탕 1큰술, 물엿 1큰술, 후추 2꼬집, 참기름 1큰술
마무리 부추 혹은 쪽파 약간

how to make

1. 돼지고기는 분량의 양념에 재워둔다.
2. 팬에 식용유 3큰술, 고춧가루 1큰술을 넣고 볶는다(약불).
3. 고추기름이 만들어지면 송송 썬 대파를 넣고 볶는다.
4. 고기를 넣고 볶다가 채소를 넣고 숨이 죽을 때까지 볶는다(중약불).
5. 밥 위에 제육볶음을 올린 뒤 송송 썬 부추나 쪽파를 뿌려 마무리한다.

tip
청양고추를 넣거나 청양고춧가루를 사용하면 훨씬 더 맵게 만들 수 있어요. 고추기름을 먼저 만들어 주는 게 불맛을 내는 포인트랍니다.

고소한 아보카도와 짭조름한 명란이 어우러져
꽤나 중독성 있는 맛을 내는
아보카도명란덮밥이랍니다.

아보카도명란덮밥

recipe 076

15분

ingredients	밥 1공기, 아보카도 1/2개, 명란 1~2큰술, 계란 1개, 상추 또는 어린잎 1줌, 김 가루 약간, 마늘 5알
1인분	**마무리** 참기름 1큰술, 통깨 1큰술, 레드페퍼(생략 가능)

how to make

1. 아보카도는 껍질을 벗겨낸 뒤 얇게 썰어 모양을 잡아준다.
2. 명란은 알만 분리해 준비한다.
3. 밥 위에 채소를 올리고 반숙으로 구운 계란 프라이와 편으로 썰어 노릇하게 튀겨낸 마늘, 아보카도, 명란, 김가루 등을 올려준다.
4. 참기름, 통깨, 레드페퍼 등을 취향껏 뿌려 마무리한다.

> tip
> 레드페퍼를 뿌려주면 끝맛이 매콤해서 더 깔끔하답니다.

불 없이 빠르게 완성할 수 있는 한 그릇 요리!
다이어트식으로도 좋은 곤약콩국수랍니다.
간단한 재료로 고소하고 담백하게 만들어보세요.

곤약콩국수

recipe 077

ingredients
1인분

실곤약 1공기, 채썬 오이 약간, 토마토 1/8쪽, 삶은 계란 1/2개(취향껏 준비)
콩국 두유 1팩(약 200ml), 두부 1/2모, 참깨 1/2큰술, 소금 2꼬집

how to make

1 실곤약은 물에 한 번 헹궈 준비한다.
2 두부, 두유(또는 우유), 참깨, 소금을 믹서기에 넣고 갈아준다.
3 그릇에 실곤약, 토마토, 오이, 계란 등을 올리고 콩국을 부어준다.

tip
실곤약 대신 소면을 삶아 담아 내면 초간단 콩국수가 된답니다.

건곤드레 나물로 집에서도 맛있는
곤드레밥을 만들어 먹을 수 있어요.
양념장 또는 강된장을 곁들여 맛있게 슥슥 비벼 드세요!

곤드레밥

1시간 — recipe 078

ingredients 건곤드레 나물 60g(2공기), 불린 쌀 3컵, 물 3컵, 말린 표고버섯 1줌
나물 양념 국간장 4큰술, 들기름 2큰술
양념장 간장 6큰술, 다진 마늘 1/2큰술, 고춧가루 1큰술, 참기름 1큰술, 통깨 1큰술, 부추 1줌

how to make

1 말린 곤드레 나물은 물에 30분에서 반나절 담가둔다(만졌을 때 줄기 부분이 말캉해질 때까지).

2 곤드레 나물이 잠길 정도로 물을 붓고 푹 삶는다(물이 끓기 시작하면 약불로 줄여 30분).

3 삶은 곤드레 나물은 찬물에 2~3번 깨끗하게 헹군다.

4 물기를 꼭 짠 곤드레 나물은 먹기 좋게 자른 뒤 국간장과 들기름을 넣고 조물조물 무친다.

5 냄비에 30분 불린 쌀 3컵, 물 3컵을 넣고 곤드레 나물과 따뜻한 물에 10분 불린 건표고버섯을 넣는다.

6 센 불에 올려 끓기 시작하면 중불로 낮춰 5분, 약불에서 10분, 불 끄고 뜸들이기 10분을 진행한다.

7 밥을 하는 동안 양념장을 만든다.

8 완성된 곤드레나물밥은 위아래로 잘 섞은 뒤 양념장에 비벼 먹는다.

tip
우렁 강된장을 끓여서 비벼 먹어도 아주 맛있어요! 곤드레 나물은 말린 정도에 따라 불리는 시간을 조절해 줘야 해요.

물 한 방울 넣지 않고 카레 만들기?!
상큼한 토마토로 건강함을 더해 만들어요.
채소에서 나온 수분으로 만드니 감칠맛이 최고예요.

무수분카레

recipe 079

ingredients 고형 카레 4조각, 닭 안심 500g, 토마토 2개, 양파 1개, 감자 1개, 당근 1/3개, 새송이버섯 2개, 파프리카 빨강, 주황, 노랑 각 1/2개씩, 밥 1공기
양념 소금 2꼬집, 후추 2꼬집

how to make

1. 토마토는 껍질을 까서 먹기 좋게 썬다.
2. 냄비 바닥에 토마토, 채 썬 양파, 먹기 좋게 자른 버섯, 감자, 당근, 파프리카, 닭 안심, 소금, 후추 순으로 올려준다.
3. 뚜껑을 덮고 가장 약한 불에서 45분~1시간 끓인다.
4. 3에 고형 카레를 넣고 잘 섞은 뒤 10~15분 아주 약한 불에 더 끓인다.

tip
약불에서 오랜 시간 끓여야 하기 때문에 바닥이 두꺼운 냄비를 사용하는 게 좋아요!

비 오는 날이면 더욱 더 생각나는 칼국수!
바지락 푸짐하게 넣고 시원하게 끓이면
속이 싹 씻어 내려가는 것 같아요.

바지락칼국수

30분 — recipe 080

ingredients
2인분

멸치 육수 1.5L, 시판 칼국수면 1봉(2인분), 애호박 1/3개, 당근 1/3개, 양파 1/3개, 대파 1/2대, 해감한 바지락 10개
양념장 간장 6큰술, 쪽파 1/2줌, 고춧가루 2큰술, 다진 마늘 1큰술, 다진 청홍고추 약간
마무리 통깨 1큰술, 참기름 1큰술

how to make

1. 바지락은 소금물에 1~2시간 담가 해감한다.
2. 애호박, 당근, 양파, 대파는 먹기 좋게 썬다.
3. 시판 칼국수면은 겉에 묻어 있는 마른 밀가루를 털어 준비한다.
4. 끓는 육수에 먼저 바지락을 넣고 끓인다.
5. 칼국수면과 애호박, 당근을 넣고 끓인다.
6. 면이 익으면 대파, 양파를 넣고 마무리한다.
7. 그릇에 먹기 좋게 담은 뒤 깨를 부숴 올리고 양념장을 곁들여 낸다.

tip
취향에 따라 김 가루나 부추 등을 올려 먹어도 좋아요. 칼칼하게 먹고 싶다면 청양고추 하나 넣어주세요.

○ 새우튀김김밥 ○ 라구파스타 ○ 소고기리소토 ○ 떡볶이 ○ 햄버거 ○ 새우볶음밥 ○ 순살반반
치킨 ○ 짜장면 ○ 돈까스정식 ○ 소떡소떡

chapter
05

아이들이
좋아하는
엄마표 요리

햇살한스푼의 후다닥 집밥

김밥에 아이들이 좋아하는 새우튀김과 타르타르 소스를 듬뿍 넣고 말아주면
눈 깜짝할 사이에 뚝딱 사라진답니다.
아이들의 엄지가 척! 올라오게 만드는 맛있는 김밥을 준비해보세요.

새우튀김김밥

1시간

recipe 081

ingredients	
2줄	김밥용 김 2장, 당근 1개, 오이 1개, 새우튀김 8개, 깻잎 8장, 우엉조림 1공기, 단무지 1공기 **조미 밥** 2공기, 맛소금 1/3큰술, 참기름 1큰술, 통깨 1큰술 **타르타르 소스** 마요네즈 5큰술, 홀그레인머스터드 1큰술, 레몬즙 3큰술, 올리고당 2큰술, 다진 오이 피클 2큰술, 다진 삶은 계란 흰자 2큰술, 다진 양파 1큰술, 소금 2꼬집, 후추 1꼬집

how to make

1. 당근, 오이는 채 썰고 당근은 살짝 데친다.
2. 우엉은 물, 간장, 설탕, 물엿을 넣고 조려 준비한다(시판용 사용 가능).
3. 분량의 타르타르 소스 재료를 섞어 준비한다.
4. 새우튀김을 튀긴다(시판용 사용 가능).
5. 분량의 양념에 밥을 비빈다.
6. 김밥용 김에 밥을 고루 깔고 위에 김 1/2장, 깻잎, 각종 김밥 속재료와 타르타르 소스를 넣고 단단하게 말아준다.
7. 참기름을 살짝 바르고 먹기 좋은 두께로 썬다.

> **tip**
> 새우튀김 대신 돈까스를 넣고 만들어도 맛있어요. 돈까스를 넣고 쌀 때는 타르타르 소스 대신 시판 돈까스 소스와 마요네즈를 활용하세요.

우리 집 꼬맹이들이 제일 좋아하는 파스타랍니다.
라구 소스는 넉넉히 만들어 두면 파스타를 쉽게 뚝딱 만들 수 있고요,
빵에 곁들여 먹어도 맛있답니다!

라구파스타

recipe 082

1시간

ingredients

리가토니 혹은 파스타면 1인분
라구 소스 양파 2개, 샐러리 2대, 당근 1/2개, 다진 돼지고기와 소고기 각 200g, 홀토마토 1캔, 토마토 페이스트 5큰술(케첩 10큰술로 변경 가능), 우스터 소스 2큰술, 치킨스톡 1개, 레드와인 300ml, 허브 가루 2큰술, 소금 1/2큰술, 후추 1/3큰술, 버터 2큰술, 토마토 1개 혹은 방울토마토 10개(생략 가능)

how to make

1. 채소는 모두 잘게 다진다.
2. 버터를 녹인 팬에 양파를 충분히 볶은 뒤 샐러리와 당근을 넣고 볶는다.
3. 채소가 어느 정도 익으면 고기를 넣고 소금, 후추로 간을 한 뒤 볶아준다.
4. 남은 소스 재료를 모두 넣고 섞어준다.
5. 뚜껑을 덮고 최대한 약불에서 중간중간 저어가며 푹 조려준다(약 30~40분).
6. 파스타 면을 삶는다.
7. 라구 소스를 넣고 볶는다.

tip

라구 소스 재료가 너무 복잡하다면 시판 토마토 소스를 활용하세요! 시판 토마토 소스 안에 각종 향신료와 맛 내는 재료들이 모두 들어 있어, 고기와 채소만 준비하면 됩니다.

소고기가 들어가서 더 맛있는 크림리소토예요.
쌀을 볶는 수고 대신 즉석밥을 활용해 간단하게 만들어 보세요.
아이들도 한 그릇씩 뚝딱!

소고기크림리소토

recipe 083

40분

ingredients 2인분

구이용 소고기 200g, 즉석밥 1개, 양파 1/2개, 양송이버섯 4개, 피망 1/2개, 파프리카 1/3개,
소고기 밑간 설탕 1큰술, 간장 2큰술, 다진 마늘 1/2큰술, 참기름 1큰술
소스 우유 100ml, 생크림 100ml, 버터 1큰술, 치킨스톡 1개, 체다치즈 1장, 소금 1꼬집, 후추 1꼬집

how to make

1. 소고기는 분량의 양념으로 밑간한 뒤 팬에 바짝 볶아 따로 덜어둔다.
2. 버터를 녹인 팬에 다진 양파를 충분히 볶아준다.
3. 2에 즉석밥을 넣고 볶는다.
4. 우유와 생크림, 치킨스톡 1/2조각을 넣고 밥알을 잘 푼다.
5. 4에 양송이버섯, 볶아둔 소고기를 넣고 졸인 뒤 다진 파프리카, 피망, 체다치즈를 넣고 섞는다.
6. 소금, 후추로 간을 맞춘다.
7. 그릇에 담은 뒤 그라노파다노 치즈를 뿌리면 더 좋다.

tip

소고기 대신 새우를 넣고 만들어도 맛있어요. 소고기는 구이용, 부드러운 부위를 사용해주세요.

아이들이 먹기 좋은 맵지 않은 떡볶이 레시피예요.
이 레시피의 포인트는 시판 파스타 소스!
파스타 소스 대신 케첩을 활용해도 좋아요.

떡볶이

recipe 084

20분

ingredients
2인분

떡볶이용 떡 2공기(약 400g), 어묵 1~2장, 대파 1/2대, 고춧가루 1큰술(선택 사항)
양념 물 1컵, 간장 1큰술, 굴소스 1큰술, 고추장 1큰술, 설탕 2큰술, 스파게티 소스 2큰술 또는 케첩 3큰술, 다진 마늘 1/2큰술

how to make

1 쌀떡은 물에 가볍게 한 번 헹궈 준비한다.
2 팬에 떡과 물, 분량의 양념을 넣고 끓여준다.
3 끓어오르면 먹기 좋게 썬 어묵을 넣고 졸아들면 송송 썬 대파를 넣어 마무리한다.

tip
궁중떡볶이를 만들고 싶다면 '불고기' 레시피의 양념에 물을 1컵 넣고 만들면 됩니다.

아이들이 좋아하는 햄버거를 집에서 직접 만들어주세요.
패티부터 직접 만들어 아이들이 좋아하는 재료로 가득 채워주면
엄마표 햄버거가 최고라고 엄지 척 세워줄 거랍니다.

햄버거

1시간 — recipe 085

ingredients
2인분

햄버거 번 3개, 토마토 1/2개, 양상추나 로메인 4~5장, 양파 1/2개, 베이컨 6줄, 치즈 3장
소스 마요네즈 3큰술, 홀머스터드 1+1/2큰술, 케첩 3큰술
햄버거 패티 다진 돼지고기 200g, 다진 소고기 200g, 설탕 1/2큰술, 우스터 소스 3큰술, 식빵 1장 또는 빵가루 3큰술, 소금 1/3큰술, 후추 1/4큰술

how to make

1. 양파는 다져서 기름 두른 팬에 수분을 날릴 정도로 볶아준다.
2. 분량의 햄버거 패티 재료를 섞고, 1을 넣은 뒤 잘 섞는다.
3. 모양을 만들어준 뒤 기름 두른 팬에 올리고 뚜껑을 덮어 약불로 속까지 익힌다.
4. 햄버거 번은 오븐이나 팬에 살짝 굽는다.
5. 양파와 베이컨은 팬에 노릇하게 굽는다.
6. 3에 치즈 한 장을 올려 살짝 녹인다.
7. 번에 소스를 얇게 펴 바르고 재료들을 올려준 뒤 꼬치로 고정한다.

tip
어린 아이들은 햄버거 번보다는 모닝 빵이 더 먹기 편해요. 패티도 작게, 속재료도 모두 작게 만들어 한입에 먹기 좋은 햄버거로 만들어주세요.

아이들이 좋아하는 새우볶음밥이에요.
반찬거리가 마땅치 않을 때 휘리릭 볶아주면 한 그릇 뚝딱!
알록달록 채소도 맛있게 먹일 수 있어요.

새우볶음밥

recipe 086

ingredients
2인분

칵테일 새우 15~20마리, 파프리카 빨강, 노랑 각 1/4개씩, 양파 1/4개, 대파 1/2대, 당근 1/4개, 밥 1+1/2~2공기, 계란 2개
양념 굴소스 1+1/2큰술, 맛술 1큰술, 후추 2꼬집
마무리 참기름 1큰술, 통깨 1큰술, 소금 약간

how to make

1. 대파는 송송 썰고 나머지 채소는 모두 잘게 다져 준비한다.
2. 팬에 기름을 넉넉히 두르고 파를 볶아 파기름을 낸 뒤 양파, 새우, 후추, 맛술을 넣고 볶는다.
3. 밥과 굴소스를 넣고 볶는다.
4. 파프리카와 당근을 넣고 볶는다.
5. 잘 볶아진 밥은 한쪽으로 밀어두고 팬의 빈 면에 계란 물을 부어 스크램블을 만든다.
6. 볶음밥과 계란을 잘 섞은 뒤 부족한 간은 소금으로 맞추고 참기름, 통깨를 넣어 마무리한다.

tip
당근과 파프리카는 색감을 살려주기 위해 마지막에 넣어주는 게 좋아요. 볶음밥을 잘 먹지 않는 아이들이라면 짜장 소스를 올려주세요.

chapter 05 아이들이 좋아하는 엄마표 요리

아이들이 좋아하는 치킨도 집에서 안전하게, 푸짐하게 만들어주세요.
생각보다 어렵지 않은 치킨 만들기!
시판 치킨 튀김가루를 활용해 쉽게 만들어요.

순살반반치킨

recipe 087

1시간

ingredients   닭다리 정육 2팩(1kg), 치킨 튀김가루 1컵
반죽 치킨 튀김가루 1컵, 물 1컵
밑간 소금 3꼬집, 후추 3꼬집, 다진 마늘 1큰술, 맛술 3큰술
양념치킨 소스 물 10큰술, 간장 3큰술, 고추장 1큰술, 케첩 3큰술, 물엿 3큰술, 설탕 1큰술, 다진 마늘 1/2큰술

how to make

1 닭다리 정육은 먹기 좋게 썬 뒤 분량의 양념에 밑간해둔다. 치킨 튀김가루에 간이 충분히 되어 있으니 소금은 소량만 사용한다.

2 치킨 튀김가루 1컵에 물 1컵을 부어 묽게 갠다.

3 30분 이상 밑간해둔 닭고기를 2의 반죽에 담근다.

4 3에 마른 치킨 튀김가루를 묻힌다.

5 예열된 기름에 튀긴다(중불, 5분). 고기 속까지 익혀야 한다.

6 기름 온도를 올린 뒤 고온에서 5를 한 번 더 튀긴다.

7 분량의 양념치킨 소스를 웍에 넣고 끓인다.

8 7에 튀긴 치킨의 절반을 넣고 빠르게 버무린 뒤 접시에 담고 땅콩이나 아몬드를 부숴서 올린다.

tip
매운 양념을 싫어하는 아이들이라면 물 4큰술, 간장 3~4큰술, 설탕 1+1/2큰술, 다진 마늘 1/2큰술, 물엿 2큰술로 만드는 간장 소스를 활용해보세요.

집에서 만들어주는 엄마표 짜장!
넉넉하게 만들어 짜장면도 만들어 먹고,
밥 위에 올려 짜장밥도 만들어주세요.

짜장면

recipe 088

1시간

ingredients 돼지고기 200g, 양파 1개, 대파 1대, 양배추 1/6쪽, 감자 1개, 생면 또는 냉동면 1봉, 계란 1개
춘장 볶기 춘장 1봉(볶은 춘장 약 3큰술 사용), 식용유 1컵
양념 간장 1큰술, 굴소스 2큰술, 설탕 2큰술, 물 2컵, 전분 물 4큰술(물 4큰술+전분 2큰술), 소금 2꼬집, 후추 2꼬집

how to make

1. 대파는 송송 썰고 양파, 감자, 양배추, 돼지고기는 먹기 좋게 썰어 준비한다.
2. 춘장은 식용유 1컵을 붓고 중불에서 튀기듯 볶은 뒤 따로 덜어둔다.
3. 팬에 기름을 넉넉히 두르고 파를 볶아 파기름을 낸다.
4. 돼지고기와 소금, 후추를 넣고 볶다가 나머지 채소를 모두 넣고 볶는다.
5. 4의 팬 가장자리에 간장을 둘러 살짝 태운 뒤 물, 굴소스와 볶은 춘장 3큰술, 설탕을 넣고 볶아준다.
6. 재료가 모두 고루 섞이면 전분 물을 넣어 마무리한다.
7. 부족한 간은 소금으로 맞춘다.
8. 삶은 면 위에 짜장 소스를 올리고 고명으로 채썬 오이(또는 무순), 계란 프라이를 올리면 좋다.

tip
춘장은 한 번에 기름에 볶아놓고 냉장보관해 두고두고 사용하세요. 춘장 1봉지의 1/3 정도면(약 3큰술) 3~4인분 정도의 짜장 소스가 완성됩니다.

아이들이 좋아하는 돈까스를 집에서 만들어요.
시판 제품과는 비교 불가!
육즙 가득, 쫄깃한 고기의 식감까지 살려 맛있게 만들어주세요.

돈까스정식

1시간　　　　　　　　　　　　　　　　　　　　　recipe 089

ingredients
2인분

돈까스용 돼지고기(안심) 500g, 계란 2개, 밀가루 1/2컵, 빵가루 1컵, 밥 1/2공기,
채 썬 양배추 1줌(케첩 1큰술, 마요네즈 1큰술), 옥수수 통조림 2큰술
고기 밑간 소금 1/3큰술, 후추 1/4큰술
돈까스 소스 버터 1조각, 채 썬 양파 1/2개, 다진 마늘 1큰술, 시판 돈까스 소스 1/2컵, 우유 3~4큰술,
케첩 3큰술

how to make

1. 돈까스용 고기는 두드려 얇게 펴준 뒤 소금, 후추로 밑간한다.
2. 밑간한 고기를 밀가루, 계란 물, 빵가루 순으로 입혀 기름에 튀긴다.
3. 팬에 버터를 두르고 채 썬 양파와 다진 마늘을 볶는다.
4. 양파가 익으면 남은 소스 재료를 넣고 끓인다.
5. 접시에 먹기 좋게 썬 돈까스와 밥, 양배추 샐러드 등을 담고 소스를 뿌려준다.

tip
재료와 시간의 여유가 된다면 돈까스 소스를 이렇게 만들어 보세요. 팬에 버터 2조각(약 4큰술)을 녹인 뒤 밀가루 3큰술을 약불에서 충분히 볶아주고(갈색빛이 돌 때까지), 미리 섞어둔 물 100ml, 우스터 소스 6큰술, 케첩 10큰술, 설탕 5큰술, 후추를 넣고 졸여주세요.

휴게소 인기 간식인 소떡소떡을 집에서 만들어주세요.
매콤달콤 양념의 매력에 푹!
아이들의 든든한 간식이 된답니다.

소떡소떡

40분 recipe 090

ingredients
2인분

떡볶이 떡 12개(가래떡으로 대체 가능), 비엔나소시지 8개, 위에 뿌릴 케첩과 머스터드 약간, 땅콩가루 1큰술
양념 소스 물 4큰술, 간장 2큰술, 맛술 2큰술, 다진 마늘 1/2큰술, 케첩 4큰술, 고추장 1큰술,
올리고당 1+1/2큰술

how to make

1 소시지에 칼집을 넣는다.
2 떡은 소시지와 같은 길이로 잘라준다.
3 꼬치에 소시지, 떡 순으로 꽂은 뒤 기름 두른 팬에 노릇하게 구워준다.
4 분량의 양념 소스 재료를 팬에 넣고 끓인다.
5 소떡소떡에 양념 소스를 바르고 취향에 따라 케첩, 머스터드, 땅콩가루 등을 뿌려준다.

tip
매콤한 양념을 힘들어 하는 아이라면 소스는 생략하고 케첩만 뿌려주어도 좋아요. 설탕을 살짝 뿌려도 맛있답니다.

091
100

○ 차돌박이찜 ○ 그린빈소시지볶음 ○ 순대볶음 ○ 도토리묵무침 ○ 스팸두부김치 ○ 맥앤치즈
○ 골뱅이무침 ○ 오지치즈후라이 ○ 닭발 ○ 닭똥집볶음

chapter
06

부부를
위한
술안주

햇살한스푼의 후다닥 집밥

비주얼 담당 안주 차돌박이찜이에요.
채소를 돌돌 말아 쪄주기만 하면 끝!
손님 상에 내기에도 손색없어 술안주로 추천합니다.

차돌박이찜

recipe 091

30분

ingredients 차돌박이 200g, 깻잎 10~20장, 팽이버섯 2봉, 숙주나물 2줌, 표고버섯 2개, 맛타리버섯 2줌, 팽이버섯 2봉, 배추 2~3장, 청경채 2~3포기
간장 소스 간장 2큰술, 액젓 1큰술, 물 2큰술, 매실액 1큰술, 식초 2큰술, 올리고당 1/2큰술, 청양고추 2개, 통깨 1큰술
된장 소스 시판 된장 1큰술, 마요네즈 2큰술, 고춧가루 1/2큰술, 다진 마늘 1/2큰술, 식초 1큰술, 올리고당 1/2큰술, 통깨 1큰술

how to make
1. 차돌박이 끝에 밀가루를 살짝 뿌린 뒤 깻잎, 팽이버섯 순으로 올려 돌돌 만다.
2. 찜기 바닥에 숙주나물을 깐다.
3. 2에 1을 담고 배추, 청경채, 버섯 등 각종 채소를 담는다.
4. 끓는 물에 찜기를 올리고 5분간 찐다.
5. 분량의 소스 재료를 섞어 2가지 소스를 준비한다.

tip
부추를 숙주와 섞어 깔아줘도 향긋하니 맛있어요. 냉장고 속 자투리 채소를 모두 활용해요.

맥주 안주로 안성맞춤인 메뉴에요.
아삭아삭 그린빈과 짭짤한 소시지의 조합이 굿!
맥주가 절로 들어가요.

그린빈소시지볶음

20분 — recipe 092

ingredients
그린빈 1팩(약 20줄기), 소시지 10개, 양파 1/2개
양념 다진 마늘 1/2큰술, 굴소스 1큰술, 소금 1꼬집, 후추 2꼬집, 맛술 1큰술
마무리 통깨 1큰술

how to make

1. 그린빈은 줄기 부분을 손질한 뒤 끓는 물에 소금을 넣고 1분간 데친다.
2. 데친 그린빈은 찬물에 넣어 헹구고 먹기 좋은 크기로 2등분 해준다.
3. 기름 두른 팬에 채 썬 양파와 다진 마늘을 충분히 볶는다.
4. 반으로 자른 소시지와 맛술, 후추를 넣어 볶는다.
5. 데친 그린빈과 굴소스, 소금을 넣고 볶는다.
6. 통깨를 넣어 마무리한다.

tip
그린빈 대신 아스파라거스를 사용해도 맛있어요.

집에서도 간단하게, 맛있게 만들어 먹는 순대볶음 레시피예요.
들깻가루 필수!
깻잎도 듬뿍 넣어 만들어요.

순대볶음

recipe 093

ingredients 시판 순대 1팩, 양배추 1/5쪽, 양파 1/2개, 당근 조금, 대파 1대, 고추 2개, 깻잎 10장, 불린 당면 1줌
양념장 간장 2큰술, 고춧가루 2큰술, 맛술 2큰술, 다진 마늘 1/2큰술, 설탕 1/2큰술, 물엿 1큰술, 고추장 1큰술, 후추 2꼬집
마무리 들깻가루 1큰술

how to make

1. 분량의 양념장을 섞어 준비한다.
2. 채소는 모두 먹기 좋게 자른다.
3. 순대는 전자레인지에 3분 정도 데운 뒤 먹기 좋게 썰어 준비한다.
4. 기름 두른 팬에 양배추와 양파를 볶다가 양배추 숨이 죽으면 순대를 넣고 볶는다.
5. 분량의 양념장과 깻잎을 제외한 나머지 채소를 모두 넣고 볶는다(중약불).
6. 채소가 어느 정도 익으면 불린 당면과 물 50ml 정도를 넣고 졸인다.
7. 마지막에 깻잎과 들깻가루 1큰술을 넣고 섞어 마무리한다.

tip
매콤하게 먹고 싶다면 청양고추를 팍팍 썰어 넣어주세요. 막걸리 안주로 추천합니다.

상큼하게 즐길 수 있는 막걸리 안주로 추천하는 메뉴예요.
좋아하는 채소 듬뿍 넣고 맛있게 무쳐 먹으면
막걸리 한 통은 기본이죠.

도토리묵무침

recipe 094

20분

ingredients 도토리묵 1모, 양파 1/2개, 당근 1/3개, 쪽파 1줌, 상추 5~6장, 청홍고추 각 1개
양념장 간장 6큰술, 식초 3큰술, 설탕 2큰술, 고춧가루 2큰술, 다진 마늘 1/2큰술
마무리 통깨 1큰술, 참기름 1큰술

how to make
1 채소와 도토리묵은 먹기 좋은 크기로 썰어 준비한다.
2 분량의 양념장을 섞어둔다.
3 볼에 채소와 도토리묵, 양념장을 넣어 섞는다.
4 참기름, 통깨를 넣어 마무리한다.

tip
상추는 먹기 직전에 넣어야 숨이 많이 죽지 않아요. 채소는 냉장고 사정에 맞춰 오이, 양배추 등을 더해도 좋아요!

chapter 06 부부를 위한 술안주

두부김치가 먹고 싶은데 집에 고기가 없다?
그럴 땐 스팸을 활용해 보세요!
짭조름한 매력이 두부김치와 잘 어울려요.

스팸두부김치

recipe 095

30분

ingredients 두부 1모, 스팸 1캔, 김치 1공기
양념 설탕 1~2꼬집, 참기름(또는 들기름) 1큰술, 통깨 1큰술, 대파 1/2대

how to make

1. 두부와 스팸은 비슷한 크기로 자른 뒤 앞뒤로 노릇하게 구워낸다.
2. 들기름 또는 참기름을 두른 팬에 먹기 좋게 썬 김치와 파, 설탕을 넣어 볶아준다.
3. 둥근 접시에 스팸, 두부 순으로 돌려 담고 가운데 김치를 담아낸다.

tip
고기를 넣고 김치볶음을 만들 거라면 고기 200g과 고추장 1/2큰술, 매실액 1큰술, 설탕 1큰술을 넣고 볶아주면 된답니다. 신김치의 익은 정도에 따라 설탕 양은 조절해주세요.

맥주 안주는 역시 고소하고 리치한 치즈죠!
한입 가득 넣으면 고소함에 피로가 싹 풀려요.
시원한 맥주와 잘 어울리는 마카로니&치즈, 맥앤치즈랍니다.

맥앤치즈

40분 — recipe 096

ingredients 마카로니 1공기, 각종 치즈 1공기, 할라피뇨 3큰술, 베이컨 3줄
소스 밀가루 2큰술, 버터 2큰술, 우유 300ml, 소금 약간, 후추 약간

how to make

1. 마카로니는 올리브유, 소금 넣은 물에 7~10분간 삶아서 준비한다.
2. 베이컨은 잘게 썰어 바싹 구운 뒤 키친타월에 올려 기름을 뺀다.
3. 할라피뇨는 잘게 다진다.
4. 팬에 버터 2큰술을 녹이고 밀가루 2큰술을 볶는다(약불).
5. 우유를 조금씩 부어가며 밀가루를 푼다.
6. 5에 치즈를 넣는다
7. 소금, 후추로 간을 하고 삶은 마카로니를 넣고 섞는다.
8. 베이컨, 할라피뇨를 넣고 섞어 마무리한다.
9. 취향에 따라 완성된 맥앤치즈 위에 치즈를 뿌린 뒤 180도 오븐에서 5~10분간 구워준다.

tip 그대로 먹으면 촉촉하고 부드러운 매력이 있고요, 오븐에 구워 먹으면 겉은 바삭 속은 촉촉한 맥앤치즈를 즐길 수 있답니다.

골뱅이 캔으로 뚝딱 만드는 안주, 골뱅이무침이에요.
나가서 사 먹지 않아도 충분히 맛있답니다.
소주 안주, 막걸리 안주, 맥주 안주 뭐든 좋아요.

골뱅이무침

30분 — recipe 097

ingredients 골뱅이 캔 1통, 오이 1/2개, 양파 1/2개, 당근 1/2개, 대파 1대, 깻잎 6장, 청홍고추 각 1개, 소면(선택 사항)
골뱅이무침 양념장 고추장 1큰술, 설탕 1큰술, 식초 3큰술, 매실액 2큰술, 고춧가루 2큰술, 다진 마늘 1/2큰술
무칠 때 고춧가루 1큰술, 참기름 1큰술, 통깨 1큰술

how to make

1. 골뱅이는 체에 밭쳐 건더기만 건져 먹기 좋게 잘라준다.
2. 채소는 모두 먹기 좋게 썰어 준비한다.
3. 파는 채 썰어 찬물에 5분 정도 담가둔다.
4. 분량의 양념장 재료를 모두 섞는다.
5. 큰 볼에 깻잎과 고추를 제외한 채소와 물기를 제거한 파채, 골뱅이, 양념장, 고춧가루를 넣고 무친다.
6. 양념이 잘 어우러지면 깻잎과 고추를 넣고 참기름, 통깨를 넣고 버무려 마무리한다.
7. 삶은 소면을 곁들인다.

tip
양념장에 골뱅이 통조림 국물을 2큰술 넣어주면 더 촉촉하니 맛있어요. 감칠맛도 나고요!

먹다 남은 감자튀김이 있다면 아주 간단하게 만들어 먹을 수 있는 안주랍니다.
고소한 베이컨과 짭조름한 치즈의 조화가 굿!
소스도 만들어 함께 곁들여 보세요.

오지치즈후라이

20분 — recipe 098

ingredients 냉동 감자튀김 1공기, 모차렐라치즈 1/2공기, 체다치즈 1~2장, 베이컨 2~3장, 파슬리 가루 2꼬집
소스 마요네즈 3큰술, 허니머스터드 1큰술, 설탕 1/2큰술, 식초 1큰술, 레몬즙 1큰술, 디진 마늘 1/3큰술

how to make
1. 감자튀김은 기름에 튀기거나 에어프라이어에 180도 15분으로 조리한다.
2. 베이컨은 잘게 썰어 바짝 구운 뒤 키친타월에 올려 기름을 빼둔다.
3. 잘 튀겨진 감자튀김 위에 모차렐라치즈와 체다치즈를 올리고 오븐 또는 에어프라이어에 180도로 10분 조리한다.
4. 베이컨과 파슬리 가루를 뿌려 마무리한다.
5. 분량의 소스 재료를 섞어 곁들여 낸다.

tip
치즈가 식기 전에 빨리 먹어야 해요!

집에서 만들어 먹는 뼈 있는 닭발!
착한 가격에 푸짐하게 만들어 먹어요.
제가 제일 좋아하는 술안주랍니다.

닭발

recipe 099

ingredients	닭발 2kg, 소주 1/2컵, 양파 1개, 대파 1대
	양념 간장 1컵, 맛술 1/2컵, 고춧가루 1컵, 고추장 3큰술, 설탕 3큰술, 후추 1/3큰술, 다진 마늘 5큰술

how to make

1. 손질된 닭발은 깨끗이 물에 씻는다.
2. 소주 1/2컵과 물 2컵 정도를 붓고 삶는다(냉장은 5분, 냉동은 10분).
3. 물을 따라 버리고 흐르는 물에 2~3번 깨끗하게 헹군다.
4. 분량의 양념장을 섞어 준비하고, 대파, 양파는 큼직하게 썬다.
5. 큰 냄비에 3을 담고 채소와 양념장을 올린다.
6. 양념장 그릇에 물 1컵을 붓고 잘 섞어 고루 뿌린다.
7. 센 불에 올려 끓이다가 중약불로 낮춰 중간중간 뒤적여가며 10~15분 졸인다.

tip
뼈 없는 닭발은 데쳐서 씻은 닭발(500g)에 간장 3큰술, 고춧가루 3큰술, 고추장 2큰술, 설탕 2큰술, 매실액 2큰술, 다진 마늘 1큰술, 후추 약간 넣어 양념한 뒤 파기름에 볶아서 먹으면 맛있어요.

chapter 06 부부를 위한 술안주

포차 인기 안주, 닭똥집볶음을
집에서 만들어 보세요!
저렴한 가격에 푸짐하게 즐길 수 있어요.

닭똥집볶음

30분 — recipe 100

ingredients
닭똥집(닭근위) 15~20개, 마늘 20개, 청양고추 6개
데치기 소주 소주잔에 1~2컵
손질 밀가루 2큰술
양념 소금 1/3큰술, 후추 2꼬집, 참기름 1큰술, 통깨 1큰술

how to make

1. 닭똥집은 얇은 막과 이물질을 제거해준다.
2. 밀가루를 넣고 바락바락 주무른 뒤 물이 깨끗해질 때까지 여러 번 헹군다.
3. 소주 1~2컵(소주잔 기준)을 넣은 끓는 물에 닭똥집을 살짝 데친다(2~3분).
4. 데친 닭똥집은 흐르는 물에 깨끗이 헹궈준 뒤 물기를 빼고 길이 방향으로 먹기 좋게 썰어준다.
5. 기름을 넉넉히 두른 팬에 마늘을 먼저 볶다가 반 정도 익으면 닭똥집을 넣고 소금, 후추로 간을 한 뒤 소주 1컵(소주잔 기준)을 넣고 센 불에서 볶아준다.
6. 노릇해지면 청양고추를 넣고 고루 섞은 뒤 참기름과 통깨를 넣어 마무리한다.

tip
참기름에 소금을 넣어 만든 기름장에 찍어 먹으면 더 고소하니 맛있어요. 소주 안주로 강력 추천!

○배추겉절이 ○파김치 ○깍두기 ○양배추물김치 ○오이김치 ○백김치 ○오이지 ○마늘장아찌 ○양파장아찌 ○양배추오이피클

chapter
special

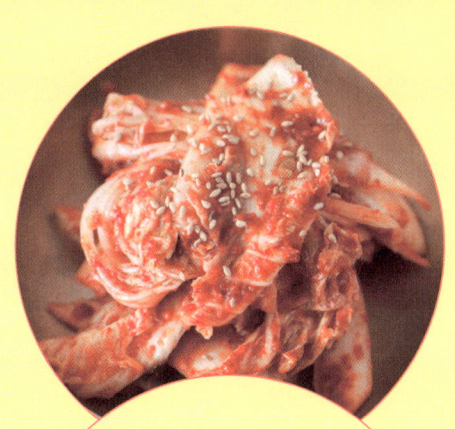

만들어 두고 먹는
사시사철
맛있는 김치와 저장식

햇살한스푼의 후다닥 집밥

special chapter 만들어 두고 먹는 시시때때로 맛있는 김치와 저장식

금방 무쳐내면 밥 한 공기 뚝딱!
칼국수, 수제비에도 필수죠?
배추겉절이도 어렵지 않게 만들어 봐요.

배추겉절이

recipe 001

ingredients

배추 1포기
절이기 굵은 소금 5줌, 물 1L
양념 고춧가루 10큰술, 멸치액젓 8큰술, 새우젓(새우 1큰술+국물 1큰술), 설탕 1+1/2큰술, 다진 마늘 2큰술, 다진 생강 1/2큰술

how to make

1. 배추는 뿌리 끝을 짧게 자른 뒤 시든 겉잎은 떼어낸다.
2. 반으로 자른 뒤 밑동을 도려내고 한 잎씩 길이 방향으로 먹기 좋게 썬다.
3. 배추는 물에 가볍게 한 번 헹군다.
4. 반을 먼저 큰 볼에 담은 뒤 소금 2줌 반과 물 500ml를 흩뿌리고, 그 위에 나머지 배추를 모두 담고 소금 2줌 반과 물 500ml를 뿌린다.
5. 여름철에는 15~20분 정도, 봄, 가을에는 30분 정도 지난 뒤 뒤집어 섞어준다. 여름철에는 총 30분, 봄, 가을에는 50~60분 정도 절인다.
6. 잘 절인 배추는 2번 헹궈두고 체에 받쳐 물기를 뺀다.
7. 분량의 양념을 먼저 섞은 뒤, 6을 넣고 바락바락 버무린다.
8. 김치 통에 담은 뒤 실온에서 반나절 정도 숙성시키고 냉장보관한다.

tip
찹쌀풀을 넣으면 양념에 조금 더 감칠맛을 더해줄 수 있어요. 하지만 필수는 아니니 간단하게 후다닥 만들어 먹을 때에는 생략해도 좋아요!

special chapter 만들어 두고 먹는 사시사철 맛있는 김치와 저장식

김치 중에서도 정말 쉽고 간단한 파김치!
짜장 라면에 필수 메뉴로 자리 잡은
파김치를 맛있게 담가봐요.

파김치

recipe 002
30분

ingredients 쪽파 1단(약 1kg)
양념 액젓(멸치액젓, 까나리액젓) 20큰술, 고춧가루 10큰술, 설탕 1큰술, 물엿 10큰술, 통깨 2큰술

how to make
1. 쪽파는 뿌리를 짧게 잘라내고 껍질을 깨끗하게 벗겨낸다.
2. 흐르는 물에 2~3번 깨끗하게 씻은 뒤 물기를 털어 준비한다.
3. 밑동 쪽에 액젓을 뿌려 5분, 뒤집어서 5분 절인다.
4. 고춧가루, 설탕을 넣고 잘 버무린 뒤 20분 정도 그대로 둔 뒤 물엿을 넣고 버무린다.
5. 부족한 간은 액젓이나 소금으로 맞춘다.
6. 통깨를 뿌려 마무리한다.

tip
반나절 정도 실온에서 숙성시키면 파의 아린 맛이 빠지고 양념이 배어들어 더 맛있어져요.

special chapter 만들어 두고 먹는 사시사철 맛있는 김치와 저장식

절이지 않고 간단하게 만들어 먹는 국물깍두기 레시피예요.
설렁탕집 부럽지 않은
새콤달콤 시원한 맛으로 맛있게 만들어 보세요.

깍두기

recipe 003

30분

ingredients

무 큰 것 1개, 쪽파 1줌
양념 고춧가루 5~6큰술, 새우젓 3큰술, 멸치액젓 4큰술, 설탕 1+1/2큰술, 다진 생강 1/2큰술, 다진 마늘 1+1/2큰술, 소금, 1/3큰술

how to make

1. 무는 깨끗이 씻은 뒤 깍둑썰기한다.
2. 고춧가루를 넣고 물이 들도록 버무린다.
3. 분량의 양념을 넣고 버무린다.
4. 간을 본 뒤 짭짤한 정도로 소금간을 한다.
5. 쪽파를 넣고 뒤섞는다.
6. 익혀 먹을 것이라면 통에 담아 실온에서 1일, 냉장고에서 4~5일 숙성시킨다.

tip
소금에 무를 미리 절여서 만들면 양념이 진한 깍두기를 만들 수 있어요. 간단하게 만들 때에는 절이는 과정을 생략해도 깔끔하고 시원하게 만들 수 있어요.

special chapter 만들어 두고 먹는 사시사철 맛있는 김치와 저장식

한 통 사면 늘 남아 처치 곤란인 양배추!
아삭아삭 식감 좋은 양배추로
시원한 물김치를 담가보세요.

양배추물김치

recipe 004

ingredients 양배추 큰 것 1/2통, 쪽파 10뿌리, 당근 1/2개, 홍고추 2개
절이기 소금 1컵, 설탕 1/2컵, 배 작은 것 1개, 양파 1/2개, 마늘 10알, 생강 1/3쪽, 고춧가루 3큰술
밀가루 풀 밀가루 1/2컵, 물 1L
국물 물 2L, 액젓 5큰술, 소금 1큰술

how to make

1. 양배추는 먹기 좋게 썰고 물에 깨끗이 씻어 준비한다.
2. 양배추는 3~4분량으로 나눠서 소금, 설탕을 뿌려 1시간 동안 절인다.
3. 밀가루를 물에 곱게 풀어 끓는 물에 넣고 저어 밀가루 풀을 만든다(식히기).
4. 부재료를 먹기 좋게 썰어 준비한다.
5. 배, 양파, 마늘, 생강, 고춧가루를 믹서기에 넣고 갈아준다.
6. 5를 면포나 고운 망에 넣고 주물러 물만 짜낸다.
7. 통에 물 2L와 3, 6을 넣고 액젓을 넣어 잘 섞어준다.
8. 절여진 양배추를 건더기만 건져 넣는다.
9. 부재료를 넣는다.
10. 국물 간을 보고 소금으로 부족한 간을 맞춘다.
11. 실온에 하루 정도 두고 냉장고에서 2~3일 숙성시킨다.

tip 새콤하게 익은 양배추물김치에 소면을 말아 먹어도 금상첨화! 여름 별미로 즐길 수 있어요!

special chapter 만들어 두고 먹는 사시사철 맛있는 김치와 저장식

귀찮고 번거로운 오이소박이 대신
초간단 오이김치를 만들어 보세요!
깍두기처럼 한입 크기라 먹기도 편해요.

오이김치

recipe 005

ingredients 백오이 4개, 부추 1줌, 양파 1/2개, 당근 1/2개
절이기 굵은 소금 2큰술, 물 1/2컵
양념 고춧가루 7큰술, 멸치액젓 7큰술, 다진 마늘 1큰술, 설탕 1큰술, 통깨 1큰술

how to make

1. 오이는 소금으로 문질러 깨끗이 씻은 뒤 꼭지를 떼어내고 한 입 크기로 썬다.
2. 층층이 오이, 소금, 오이, 소금 순으로 담은 뒤 마지막에 물 반 컵을 흩뿌려준다.
3. 중간에 한 번 뒤집어 총 1시간 정도 절인다.
4. 부재료를 먹기 좋게 썬다.
5. 분량의 양념에 부재료를 버무린다.
6. 잘 절여진 오이는 흐르는 물에 한 번 헹군 뒤 체에 밭쳐 물기를 뺀다.
7. 양념 소에 절여진 오이를 넣고 잘 버무린다.

tip
바로 먹어도 상큼하고 익혀 먹으면 시원한 맛이 일품이에요.

special chapter 만들어 두고 먹는 사시사철 맛있는 김치와 저장식

아이들도 좋아하는 백김치예요.
아이들용 김치로 처음 만들기 시작한 지 벌써 8년!
아주 간단하지만 고깃집 백김치 부럽지 않은 레시피랍니다.

백김치

7시간

recipe 006

ingredients

배추 큰 것 1통, 대파 2대, 사과 1개, 파프리카 1개
절이기 굵은 소금 1공기, 물 1공기
밀가루풀 물 1.5L, 밀가루 수북하게 3큰술, 물 200ml
양념 배 큰 것 1/2개, 양파 1/2개, 마늘 10~20알, 생강 조금, 물 100ml
밑국물 물 1L, 소금 3큰술, 설탕 3큰술(입맛에 따라 조절)

how to make

1. 배추는 겉잎을 떼어내고 반으로 자른 뒤 밑동에 칼집을 깊게 넣는다.
2. 흐르는 물에 배추를 가볍게 씻은 뒤 굵은 소금을 줄기 쪽으로 고루 뿌리고 물을 흩뿌려 절인다(약 5~6시간).
3. 1시간 30분에 한 번 정도 배추를 뒤집어준다.
4. 물 200ml에 밀가루 3큰술을 곱게 풀어 끓는 물 1.5L에 붓고 약불에 끓이고 식힌다.
5. 믹서기에 배 1/2개, 양파 1/2개, 마늘 10~20알, 생강 조금, 물 100ml를 넣고 곱게 갈아준다.
6. 통에 완전히 식은 풀을 채에 걸러 담는다.
7. 6에 물 1L를 넣고 삼베보자기나 거름망에 5를 넣어 잘 거른다.
8. 소금, 설탕으로 간을 맞춘다.
9. 큼직하게 썬 대파와 씨를 빼고 슬라이스한 사과를 밑국물에 넣어준다.
10. 잘 절여진 배추는 흐르는 물에 2번 헹군 뒤 체에 밭쳐 물기를 제거한다.
11. 9에 10을 넣고 파프리카를 올린 뒤 마무리한다.
12. 봄, 가을에는 실온 2일, 여름에는 실온 1일, 겨울에는 실온 3일 보관한 후 냉장보관한다.
13. 백김치가 맛있게 익으면 사과는 건진다.

special chapter 만들어 두고 먹는 사시사철 맛있는 김치와 저장식

오이가 저렴한 여름철 필수로 담가둬야 하는 오이지!
물 한 방울 없이 초간단 레시피로 만들어 보세요.
사먹을 일이 없어요.

오이지

1주일 — recipe 007

ingredients 오이 20개, 소금 600g, 설탕 600g, 식초 360ml

how to make
1. 깨끗이 씻은 오이는 마른 행주로 깨끗이 닦아 통에 담는다.
2. 분량의 소금, 설탕, 식초를 모두 오이에 뿌린다.
3. 뚜껑을 덮고 10일~2주간 서늘한 곳에 보관한다.
4. 잘 삭은 오이지는 서늘한 곳에서 한 달간, 냉장고에서 장기간 보관이 가능하다.

tip
중간 중간 열어서 물에 잠기지 않은 오이가 있다면 꼭 눌러 잠기게 해주세요. 완성된 오이지는 먹기 좋게 썰어 물에 담근 뒤 짠맛을 제거하고 양념에 무쳐 먹어요.

햇마늘이 나오기 시작하는 6월부터 만들 수 있는 마늘장아찌.
고기 먹을 때 필수이지요.
한 번 담가두면 두고두고 먹을 수 있는 저장식이니 꼭 만들어 보세요.

통마늘장아찌

1달 이상

recipe 008

ingredients	통마늘 30~40통(크기에 따라) **초벌 절임** 식초 1통(1.8L) **절임** 물 5컵, 간장 1컵, 식초 1컵, 설탕 1컵, 소금 1/2컵

how to make

1. 통마늘은 뿌리와 줄기 끝을 잘라내고 껍질을 한 두겹만 남겨두고 모두 제거한다.
2. 마늘은 깨끗이 씻은 뒤 물기를 완전히 제거한다.
3. 열탕 소독한 유리병에 마늘을 담고 식초를 부어 일주일간 삭힌다(아린맛 제거).
4. 일주일 뒤 마늘과 식초를 분리하고 분량의 절임 재료를 냄비에 넣고 절임 장을 끓여 준다.
5. 완전히 식힌 절임 장을 마늘에 붓는다.
6. 한 달 뒤, 절임 장만 따로 분리해 한 번 더 끓여 식힌 뒤 붓는다.

tip
완성된 마늘장아찌는 냉장보관하세요.

special chapter 만들어두고 먹는 사시사철 맛있는 김치와 저장식

햇양파가 나오기 시작하는 봄철 꼭 만들어야 할 양파장아찌!
새콤달콤 간장 소스를 끓여 붓기만 하면 되니
맛있게 만들어 고기와 함께 챙겨 먹어요.

양파장아찌

recipe 009

ingredients 양파 5개, 청홍고추 3~5개, 다시마 2장, 대파 1/2대
간장 소스 간장 1컵, 식초 1컵, 설탕 1컵, 물 2/3컵

how to make

1. 양파는 껍질을 까고 깨끗이 씻은 뒤 물기를 닦아 준비한다.
2. 분량의 양념장을 냄비에 모두 붓고 잘 섞어 끓여준다. 다시마와 대파를 넣으면 감칠맛이 더해진다.
3. 양파와 청홍고추는 먹기 좋게 썰어 열탕 소독한 유리용기에 담는다.
4. 양념장이 끓으면 불을 끄고 바로 붓는다.
5. 완전히 식으면 뚜껑을 덮고 냉장고에서 3일간 숙성시킨다.

tip
매콤하게 만들고 싶다면 청양고추를 넣어보세요. 같은 레시피를 새송이버섯, 오이, 부추 등에도 활용해보세요!

special chapter 만들어두고 먹어는 사사사철 맛있는 김치원 저장식

새콤달콤 홈메이드 피클 만들기예요.
어떤 채소든 OK!
새콤달콤 촛물을 부어 아삭아삭 맛있게 만들어 보세요.

채소피클

recipe 010

30분

ingredients 오이 3개, 양배추 1/4쪽, 파프리카 1개, 레몬 1개
촛물 물 2컵, 설탕 1컵, 식초 1컵, 굵은 소금 1큰술, 피클링스파이스 1큰술, 월계수잎 3~4장

how to make

1. 채소는 깨끗이 씻은 뒤 먹기 좋게 썰어준다.
2. 열탕소독한 유리병에 채소를 고루 담는다.
3. 분량의 물과 설탕, 소금, 피클링스파이스, 월계수잎을 냄비에 넣고 끓인다.
4. 끓으면 식초를 넣고 불을 끈다.
5. 뜨거운 촛물을 그대로 유리병에 붓는다.
6. 완전히 식으면 유리병 뚜껑을 덮고 냉장고에 하루 정도 넣어 숙성시켜 준다.

tip
비트를 함께 넣어주면 색감까지 예쁜 피클을 만들 수 있어요. 냉장고 속 애매하게 남은 무, 양파, 당근 등 자투리 채소를 활용하세요.

햇살한스푼의
후다닥
집밥

2021년 1월 11일 초판 1쇄 인쇄
2021년 1월 19일 초판 1쇄 발행

지은이 | 햇살한스푼 임은진
발행인 | 윤호권 박헌용
책임편집 | 정인경

발행처 | 시공사
출판등록 | 1989년 5월 10일 (제3-248호)

주소 | 서울특별시 성동구 상원1길 22 7층 (우편번호 04779)
전화 | 편집 (02) 3487-2814, 영업 (02) 2046-2800
팩스 | 편집 (02) 585-1755, 영업 (02)588-0835
홈페이지 | www.sigongsa.com

ISBN | 979-11-6579-410-1 13590

이 책의 내용을 무단 복제하는 것은 저작권법에 의해 금지되어 있습니다.
파본이나 잘못된 책은 구입하신 곳에서 교환해드립니다.

미호는 아름답고 기분 좋은 책을 만드는 ㈜시공사의 라이프스타일 브랜드입니다.